AF498763

Frank Wedekind

Fritz Schwigerling oder Der Liebestrank

e-artnow 2018

Oscar Wilde
Gesammelte Werke

Walter Scott
Das Kloster: Historischer Roman

Franz Werfel
Der veruntreute Himmel

Frank Wedekind
Fesselnde Erzählungen eines Skandalautors

Claude Tillier
Mein Onkel Benjamin (Abenteuer-Roman)

Heinrich Seidel
Leberecht Hühnchen

Johann Karl Wezel
Lebensgeschichte Tobias Knauts, des Weisen, sonst der Stammler genannt

Gustav Freytag
Dramatische Werke

Gotthold Ephraim Lessing
Nathan der Weise: Historiendrama aus der Zeit des Dritten Kreuzzugs

Frank Wedekind
Frühlings Erwachen: Eine Kindertragödie

Frank Wedekind

Fritz Schwigerling oder Der Liebestrank

Schwank in drei Aufzügen

e-artnow, 2018
Kontakt: info@e-artnow.org
ISBN 978-80-273-1842-1

Inhaltsverzeichnis

Personen	13
Erster Aufzug	15
Erster Auftritt	15
Zweiter Auftritt	16
Dritter Auftritt	17
Vierter Auftritt	18
Fünfter Auftritt	19
Sechster Auftritt	21
Siebenter Auftritt	22
Achter Auftritt	25
Neunter Auftritt	26
Zehnter Auftritt	28
Elfter Auftritt	29
Zwölfter Auftritt	30
Dreizehnter Auftritt	31
Vierzehnter Auftritt	33
Zweiter Aufzug	37
Erster Auftritt	37
Zweiter Auftritt	38
Dritter Auftritt	40
Vierter Auftritt	41
Fünfter Auftritt	42
Sechster Auftritt	44
Siebenter Auftritt	46
Achter Auftritt	49
Neunter Auftritt	50
Zehnter Auftritt	52
Dritter Aufzug	55
Erster Auftritt	55
Zweiter Auftritt	57
Dritter Auftritt	58
Vierter Auftritt	60
Fünfter Auftritt	61
Sechster Auftritt	62
Siebenter Auftritt	63
Achter Auftritt	65
Neunter Auftritt	66
Zehnter Auftritt	67

Elfter Auftritt 68

Zwölfter Auftritt 69

Dreizehnter Auftritt 70

Vierzehnter Auftritt 72

Fünfzehnter Auftritt 73

Sechzehnter Auftritt 74

Siebzehnter Auftritt 75

Personen

Fürst Iwan Michailowitsch Rogoschin.
Lisaweta Nikolajewna, seine Gemahlin.
Enjuscha,
Alioscha, ihre Kinder.
Katharina Alexandrowna Gräfin Totzky, Verwandte des Fürsten.
Fritz Schwigerling.
Cölestin Lebœuf, Kammerdiener.
Tatjana, Kammermädchen.
Mitja,
Kolja, Reitknechte.

Das Stück spielt auf dem Gute des Fürsten Rogoschin in der Nähe von St. Petersburg. Die

Bezeichnungen links und rechts sind immer, auch in den Dekorationen, als vom Schauspieler aus, nicht vom Zuschauer aus gedacht zu verstehen. Auffallende Dekorationen und Requisiten, die das Auge des Zuschauers vom Schauspieler ablenken, sind unzulässig.

Szenerie

Altfränkischer, nicht zu reich ausgestatteter Salon. – In der Hinterwand breites Fenster, links davon Eingangstür, rechts davon Tür und Portiere. Links und rechts Seitentüren. – Rechts vorn Chaiselongue, davor ein kleiner Tisch. Links vorn einige Fauleuils um einen Tisch. Bücher, alte Säbel Jagdflinten.

Erster Aufzug

Erster Auftritt

Cölestin. Tatjana.

CÖLESTIN *sich auf die Lehne eines Sessels stützend.* Haben Ihre Durchlaucht, die Fürstin, ihre Schokolade erhalten?

TATJANA *einen Flederwisch in der Hand, auf dem Diwan.* Haben Seine Durchlaucht, der Fürst, seinen Wutki erhalten? Haben Seine Durchlaucht, der Fürst, auch angenehm geruht?

CÖLESTIN. Ich weiß nicht, wie Seine Durchlaucht, der Fürst, zu ruhen geruht haben.

TATJANA. Aber ich weiß es!

CÖLESTIN. Tatjana!

TATJANA *sich erhebend.* Warum auch nicht! Glaubt man, man merke es nicht, was zwischen Ihrer Durchlaucht, der Fürstin, und Seiner Göttlichkeit, dem Herrn Cölestin, vor sich geht? Glaubt man, weil man zufällig im lustigen Frankreich geboren, man befände sich hier in der Türkei? Glaubt man, man wisse noch nicht, daß man nicht einmal lieben kann und noch einmal lieben und nebenher lieben und zwischendurch lieben und ...

CÖLESTIN. Geliebte Tatjana ...

TATJANA *unter Tränen.* Sie Ungeheuer!

CÖLESTIN. Du erwärmst dich für Astrachaner Kaviar, für Spargel, für Rebhuhnpastete ...

TATJANA. Ich weiß gar nicht, wie das schmeckt?

CÖLESTIN. Was würde man in Paris um dich geben! – Ihre Seele hingegen ergeht sich im ewigen Wandel der Sterne. Dieser Geschmacksrichtung muß ein Mann von Welt ebenfalls gerecht zu werden wissen.

TATJANA. Das hätte ich mir niemals von Eurer Göttlichkeit träumen lassen.

CÖLESTIN. Nun geh in die Küche, du – Kabinettspudding, und sorge dafür, daß Ihre Durchlaucht, die Fürstin, ihre Schokolade Punkt elf Uhr und möglichst heiß erhalten.

TATJANA. Ich werde ihr Rattengift hineinrühren!

CÖLESTIN *sie am Kinn fassend.* Du bist ein Paradiesapfel ...

TATJANA. Zum Ausquetschen!

CÖLESTIN. Zum Anbeißen! – Aber du mußt dich davor hüten, dich von der *nach rechts deutend.* Kultur belecken zu lassen.

TATJANA *sich verbeugend.* Ganz wie Eure Göttlichkeit befehlen.

Ab nach links.

Zweiter Auftritt

Cölestin.

CÖLESTIN. Sie ist eifersüchtig. Sie hält mich für einen Don Juan. – Was gebe ich dafür, ein so entzückendes junges, frisches Gänschen aus den unteren Volksschichten zu sein. *Man hört den Fürsten.* Seine Durchlaucht! – Brrrrr!

Der Fürst. Cölestin.

Fürst von rechts, etwas schäbig, hoch in den Fünfzigern, geht auf und ab. Cölestin verbeugt sich, geht nach rechts ab und kehrt mit einer Tablette zurück, auf der eine Karaffe Wutki mit zwei Gläsern.

FÜRST. Die Komtesse nicht da?

CÖLESTIN *die Tablette links vorn auf den Tisch setzend.* Ausgeritten, Durchlaucht.

FÜRST. Ausgeritten?

CÖLESTIN. Fünf Uhr dreißig, Durchlaucht.

FÜRST. Wohin ausgeritten?

CÖLESTIN. Darüber haben mir Gräfliche Gnaden keine Eröffnungen gemacht.

FÜRST. Mit Orosman?

CÖLESTIN. Mit Zaïre.

FÜRST. Mit Zaïre! *Für sich.* Bravo, Katja! *Zu Cölestin.* Früh fünf?

CÖLESTIN. Fünf Uhr dreißig, Durchlaucht. – Haben Durchlaucht sonst noch was...?

FÜRST. Pack dich!

Cölestin verneigt sich, geht nach hinten, blickt durchs Fenster, nickt bedeutungsvoll, links hinten ab.

Vierter Auftritt

Der Fürst.

FÜRST. Ich habe Moskau zu meinen Füßen gesehen! Ich habe meinen Ofen mit Billetdoux und welken Kamelien geheizt! Wenn ich an die Herzogin von Finnland zurückdenke. *Sich auf die Chaiselongue werfend.* Herr Gott noch mal! *Stürzt einen Wutki, sich die Hände reibend.* Wir sind in Rußland!

Fünfter Auftritt

Katharina. Fürst.

KATHARINA *neunzehn Jahre, in elegantem Reitkleid, in hochgradiger Erregung von links hinten, stößt das Fenster auf und ruft hinunter.* Einspannen! Auf den Acker hinaus! Nicht so zärtlich! *Nach vorn kommend.* Mit mir in die Knie brechen! Mit mir!

FÜRST *sich erhebend, für sich.* Zaïre scheint keinen Hafer bekommen zu haben.

KATHARINA. Der Esel natürlich auch da!

FÜRST. Katharina!

KATHARINA. Halten Sie Pferde, Iwan Michailowitsch! *Ihr Taschentuch vor den Augen.* Mit mir in die Knie brechen, mitten im Dorf! – Und dann muß ein Schulmeister kommen, um Ihr Leibpferd wieder ins Leben zurückzurufen! – Spannen Sie Ihren Marstall in den Göpel! – Ich habe Pferde gehabt auf meines Vaters Gut...

FÜRST *nachdem er einen Wutki gestürzt.* Auf Ihres Vaters Gut, Katharina, waren Sie Herrin des Hauses. Hier sind Sie...

KATHARINA *händeringend.* Oh, wenn ich zurückdenke!

FÜRST. Denken Sie lieber nicht zurück! Blicken Sie geradeaus! Hierher! Bedenken Sie, Komtesse, ich habe Moskau zu meinen Füßen gesehen...

KATHARINA. Und haben Ihren Ofen mit Billetdoux und faulen Geschichten geheizt! Pfui Teufel! – Erziehen Sie Ihre Kinder, Iwan Michailowitsch!

FÜRST. Ich habe für meine Kinder einen Hauslehrer engagiert...

KATHARINA. Dann engagieren Sie für sich eine barmherzige Schwester!

FÜRST *stürzt einen Wutki.* Sie wissen, Katharina Alexandrowna, daß mir Ihr Vater bis zu Ihrer Volljährigkeit unumschränkte Gewalt über Sie erteilt hat.

KATHARINA. Und Sie ehren das wahnsinnige Vertrauen Ihres Jugendfreundes, Ihres Kriegskameraden...

FÜRST *ruhiger.* Ich begreife Ihre Erregtheit nicht. Ich bin kein hochgestürzter Troubadour mehr. *Die Gitarre markierend und tänzelnd.* Schneng-tege- tege-tengtengteng!

KATHARINA *die Reitpeitsche schwingend.* Seien Sie auf der Hut...

DER FÜRST *nähert sich ihr.* Katharina! – Katja! – Katinka! – ein von Gesundheit strotzendes junges Mädchen wie Sie...

KATHARINA *weicht ihm aus, setzt sich links.* Es muß ja ein eigentümlicher Hauslehrer sein, den Sie da für Ihre Kinder engagiert haben!

FÜRST *im vorigen Ton.* Man schreibt heutzutage keine hirnverbrannten Gedichte mehr.

KATHARINA. Ein Jockei?

FÜRST. Ein Kunstreiter.

KATHARINA. Ein Kunstreiter?

FÜRST. Er soll die Kinder in fremden Sprachen und im guten Ton unterrichten.

KATHARINA. Und dazu engagieren Sie einen Kunstreiter?

FÜRST. Der Mann kennt alle fünf Weltteile!

KATHARINA. Diese Degradation!!

FÜRST. Nebenher unterrichtet er meine Söhne im Reiten, Kutschieren und Zimmergymnastik. Das tut mir ein ordinärer Hauslehrer nicht.

KATHARINA. Sie sind zu dumm!

FÜRST *sich nähernd.* Katja!

KATHARINA *sich erhebend.* Haben Sie Kama füttern lassen?

FÜRST. Katinka!

KATHARINA *mit funkelnden Augen.* Lassen Sie Kama hungern?

FÜRST. Katharina!

KATHARINA. Nehmen Sie sich ein Beispiel an Kama. Kama weiß, wie man mich behandeln muß.

FÜRST. Was hat denn dieses Federvieh mit meinen Gefühlen zu tun!

KATHARINA. Gehen Sie zu Kama in die Schule!

FÜRST *auffahrend.* Treiben Sie mich nicht zur Verzweiflung, Katharina! Ich lasse Sie knebeln und in den Keller werfen, es fragt auf der Welt keine Seele nach Ihnen!

KATHARINA. Dieser Dummkopf!!

FÜRST *ruhiger.* Aber fürchten Sie nichts. – Bedenken Sie die Vorteile, die ich Ihnen in meinen letzten Verfügungen … Sie haben ja doch keine Kopeke … Seien Sie besonnen. *Er will sie umfassen.*

KATHARINA *indem sie ihn ins Gesicht schlägt.* Ich bin besonnen, Iwan Michailowitsch!

FÜRST *aufschreiend, sich die Backe haltend.* Sie Krokodil! Sie Wolfsbrut! – Das werde ich … *Zur Seitentür links eilend.* Enjuscha! Alioscha! Herein! Alle herein!

Enjuscha, Alioscha. Vorige.

FÜRST *führt die Kinder herein, sich die Backe haltend, zeigt auf Katharina.* Das hat die getan! – Die hat euren leiblichen Vater geschlagen! – Hier auf die linke Backe! Mit der Reitpeitsche da!

Enjuscha, Alioscha – zehn bis zwölf Jahre, langes schwarzes Haar, buntes Blusenhemd, schwarze Sammetbeinkleider, schwarze Schuhe und Strümpfe, rote Schärpe – stehen, den Finger im Mund, trübselig da.

KATHARINA. Wollen Sie nicht auch Ihre Frau Gemahlin rufen, Iwan Michailowitsch?

FÜRST *die Kinder an der Hand fassend.* Kommt, Kinder, kommt! Weg von dem Krokodil! Hütet euch vor dem Krokodil! *Mit den Kindern nach links ab.*

KATHARINA *die Gerte fortschleudernd.* Er ist zu dumm – *Nach rechts ab.*

Cölestin. Schwigerling.

CÖLESTIN *von links hinten mit Schwigerlings Gepäck, das er links niedersetzt.* Der Herr Hauslehrer werden Seine Durchlaucht in etwas nervöser Gereiztheit antreffen.

SCHWIGERLING *folgt ihm, elegant, gewandt, in den besten Jahren.* Podagra?

CÖLESTIN. Gesichtsschmerzen!

SCHWIGERLING. Läßt sich hypnotisieren. – *Gibt ihm ein Trinkgeld.*

Cölestin nimmt es mit der Rechten und hält die Linke hin.

SCHWIGERLING. Melden Sie mich.

Cölestin nach rechts hinten.

SCHWIGERLING. Lieber Freund...

CÖLESTIN *kommt zurück, streckt die Hand vor.* Befehlen, Herr Professor?

SCHWIGERLING. Eine Dame wohnt auf dem Schloß?

CÖLESTIN *enthusiasmiert.* Na, ich sage Ihnen...!

SCHWIGERLING *gibt ihm Geld.* Melden Sie mich.

Cölestin nach rechts hinten.

SCHWIGERLING. Lieber Freund...

CÖLESTIN *kommt zurück, streckt die Hand vor.* Befehlen, Herr Baron?

SCHWIGERLING. Die Dame nimmt Reitunterricht?

CÖLESTIN. Man reitet musterhaft.

SCHWIGERLING *gibt ihm Geld.* Achtzehn Jahr?

CÖLESTIN. Siebenundvierzig.

SCHWIGERLING. Melden Sie mich.

Cölestin nach rechts hinten.

SCHWIGERLING. Sagen Sie mal...

CÖLESTIN *kommt zurück, streckt die Hand vor.* Befehlen, Herr Graf?

SCHWIGERLING. Wo habe ich Sie schon gesehen?

CÖLESTIN. Es haben mich schon so unglaublich viele Menschen gesehen; aber ...*Starrt ihn an.* Aber...

SCHWIGERLING *ebenso.* Teufel noch mal!

CÖLESTIN *zurückfahrend.* Schwigerling!

SCHWIGERLING *ebenso.* Lebœuf!

BEIDE *sich in die Arme sinkend.* O schönes Paris, glückselige Jugendtage!

CÖLESTIN. Ist es denn aber möglich...!

SCHWIGERLING *lachend.* Du, Kammerdiener?!

CÖLESTIN *lachend.* Du, Hauslehrer?!

SCHWIGERLING. Schicksale, was willst du! – Aber ich beschwöre dich, vom Théâtre-Français, aus dem leuchtenden, jauchzenden Paris...

CÖLESTIN. Das Théâtre-Francais hatte für mich keine Lorbeeren. Heute Jean, morgen Auguste! Wie oft ich damals die goldene Zeit zurücksehnte, da ich noch auf dem wackeligen Thespiskarren die sonnige Provence durchzog, einmal als Mitridate, einmal als Britannicus die einfachen Landbewohner faszinierend. Welche Seelenglut, wenn ich so die Toga über die Schulter zurückwarf – so! so!

»Darfst du, Verräter, mir ins Auge treten,

Unreiner Überrest des Raubgezüchts,

Auswurf der Hölle du!«

SCHWIGERLING. Ein zweiter Talma! Ich habe es immer gesagt. Ich war der einzige! – Aber – das Théâtre-Français aufzugeben, um...

CÖLESTIN. Bei dir, lieber Freund, in den Feengärten von Follies-Bergère war das etwas anderes. Was warst du dort nicht alles: Komiker, Maschinist, Akrobat, Kritiker, Ballettmeister, Clown, Dramaturg, Oberregisseur, Feuerwerker, Chef der Claque ...Für mich hatte Paris nichts als Brot. Davon lebt man nicht. Ich wäre am Théâtre-Francais einer der gewöhnlichen Alltagsmenschen geworden, wie sie zu Dutzenden dort das Pflaster treten...

SCHWIGERLING. Ach, Einbildung!

CÖLESTIN. Indessen hatte ich Gelegenheit, mir spielend in des Wortes edelster Bedeutung die Routine des perfektionierten Kammerdieners zu eigen zu machen. Fürst Rogoschin engagierte mich denn auch warm von der Bühne weg.

SCHWIGERLING. Mich hat er schweißtriefend vom ungesattelten Trakehnerhengst herunter engagiert.

CÖLESTIN. Als Hauslehrer?

SCHWIGERLING. Er habe die Universitäten von Moskau und Petersburg umsonst abgesucht!

CÖLESTIN. Das will ich ihm glauben! – Der Fürst sieht mich in einer Molièreschen Komödie für meinen Herrn, einen ausgemachten Hasenfuß, ins Duell gehen und unter donnerndem Beifallklatschen den Heldentod sterben. Solchen Diener findet man nicht alle Tage, sagte er und bot mir Handgeld. Ich schlug ein, ohne dabei im geringsten zu ahnen, wie klug ich tat...

SCHWIGERLING *hin und her gehend.* Wohl immer noch Idealist, mein himmlischer Cölestin?

CÖLESTIN. Man hat seine Stellung! Man verkehrt sozusagen in der Gesellschaft. – Ich taste hier sogleich in den ersten Tagen blindlings nach links, nach rechts, und was finde ich...?

SCHWIGERLING *sich in einen Sessel werfend.* Eine angelehnte Tapetentür!

CÖLESTIN. Du weißt?

SCHWIGERLING. Wie immer!

CÖLESTIN. Unsere Beziehungen sind rein! Es wäre mir platterdings unmöglich, Aug in Auge mit ihr etwas – wie nennt man das doch?

SCHWIGERLING. Etwas Erhebendes zu empfinden! Daran sind noch die kleinen Pariserinnen schuld.

CÖLESTIN. Du ahnst nicht, wie himmelhoch sie hier über ihrer korrumpierten Umgebung steht. Von einer Seelengröße! Dabei sammetweich; ach, so kindlich! Unerreichbar für die gemeine Wirklichkeit!

SCHWIGERLING *aufspringend, ihm entgegen.* Bei achtzehn Jahren?

CÖLESTIN. Bei siebenundvierzig.

SCHWIGERLING. Schafskopf.

CÖLESTIN. Eine Sphinx! – Eine Sphinx! – Laß mich nun deine Effekten besorgen, lieber Schwigerling, und sieh, wie du dich derweil mit Seiner Durchlaucht abfindest. *Das Gepäck nehmend.* Man schüttelt einem die Hand hier gern mit dem Stiefelabsatz.

SCHWIGERLING. Ich habe letzten Winter in Rom einem bengalischen Tiger die Drehorgel beigebracht.

CÖLESTIN. Eine passable Vorschule! *Rechts hinten ab.*

Achter Auftritt

Schwigerling. Dann die Fürstin.

SCHWIGERLING. In welchen Winkel der Welt mich der Zufall schleudern müßte, daß ich nicht gleich einem Bekannten begegne. *Schlägt links vorn auf dem Tisch ein Buch auf, betrachtet mehrmals forschend das Titelblatt, worauf er es mühsam entziffert.* »Die Ablichtung des Schulpferdes.« *Nimmt Katharinas Stulphandschuh und riecht daran.* Donnerwetter!

Fürstin, würdevolle Erscheinung, Ende der Vierziger, etwas sentimental, tritt von rechts vorn ein und schreitet zur gegenüberliegenden Tür. Schwigerling verneigt sich. Sie erwidert seinen Gruß. Darauf nach links vorn ab.

SCHWIGERLING. Hm – seine Sphinx! – *Er geht nach rechts vorn und fixiert die gegenüberliegende Tür, durch die die Fürstin verschwunden; sich an die Stirn fassend.* Eigentümlich!

Schwigerling. Fürst.

FÜRST *von links hinten eintretend, reicht Schwigerling die Hand.* Haben Sie Ihre Eleven schon gesehen, mein lieber Feodor...

SCHWIGERLING. Ich komme, wie Sie mich sehen, aus dem Dorfwirtshaus, in dem ich übernachtete.

FÜRST. Wie hieß Ihr Vater?

SCHWIGERLING. Peter Schwigerling.

FÜRST. Sie können Ihre Lektionen gleich beginnen, mein lieber Feodor Petrowitsch. Ihre Mutter war Zigeunerin?

SCHWIGERLING. Vollblut-Zigeunerin.

FÜRST. Seien Sie mir willkommen. Sehen Sie, ich lege keinen Wert darauf, daß Sie Ihre Zöglinge zu Stubengelehrten machen. Ob sie nun wissen, wo Mailand oder Finnland liegt, das kann ihnen nichts helfen. Mir ist die Hauptsache, daß sie in der Gesellschaft mitsprechen können. Meine Kinder, wissen Sie, sollen eine Rolle in ihren Kreisen spielen, wie sie ihr Vater als junger Leutnant in Moskau gespielt hat. Ich sage Ihnen...

SCHWIGERLING. Sie haben Ihren Ofen mit welken Kamelien geheizt. Es soll kein Gebiet geben, sei es Pferdekenntnis, Sozialpolitik, Bakkarat, Spiritismus, oder die Emanzipation der Weiblichkeit, auf dem meine Zöglinge nicht absolut sattelfest sind.

FÜRST. Gut, Feodor Petrowitsch. Aber zuerst müssen Sie ihnen Savoir-vivre beibringen.

SCHWIGERLING. Versteht sich, Durchlaucht. Es existiert keine Verlegenheit, nicht die fatalste Situation, aus der meine Zöglinge nicht den richtigen Ausweg zu finden wissen, sei es nun mit dem Degen in der Hand oder über die Hintertreppe.

FÜRST. Vortrefflich! Die Hintertreppe dürfen Sie nicht vergessen. – Und dann sollen Sie sie in fremden Sprachen unterrichten.

SCHWIGERLING. Wieviel wünschen Durchlaucht?

FÜRST. Wieviel sprechen Sie?

SCHWIGERLING. Alle.

FÜRST. Dann bringen Sie ihnen soviel wie möglich bei. Bei unseren Eisenbahnen weiß man nie, wo man hinfährt. Sie können immer gleich zwei zusammennehmen.

SCHWIGERLING. Versteht sich. Ich expliziere das Französisch auf Englisch, das Englische auf Italienisch, das Italienisch auf Spanisch, das Spanisch auf Türkisch und das Türkisch wieder auf Französisch. Etwas bleibt immer haften.

FÜRST. Etwas bleibt immer haften, Feodor Petrowitsch. Und was Ihre Methode betrifft, so verfahren Sie nur ganz wie im Zirkus.

SCHWIGERLING. Natürlich. Für jedes Wort, das sitzenbleibt, bekommen sie ein Stück Zucker.

FÜRST. Das brauchen sie nicht. Aber für jedes Wort, das nicht sitzenbleibt, bekommen sie ...*Er zieht eine Knute aus der Tasche und knallt.*

SCHWIGERLING. Danke, das brauche ich nicht.

FÜRST. Das brauchen Sie nicht?

SCHWIGERLING. Ich habe letzten Winter bei Renz ein junges Schwein ohne einen Peitschenhieb abgerichtet.

FÜRST. Das müssen Sie brauchen, lieber Freund.

SCHWIGERLING. Ich verzichte darauf.

FÜRST. Kommen Sie mir nicht mit Nihilismus! Wozu engagiere ich Sie denn. Ich bin mit der Knute erzogen worden, mein Vater ist mit der Knute erzogen worden. Ich habe Sie als Hauslehrer für meine Kinder gewählt, weil Sie damit umzugehen wissen.

SCHWIGERLING. In diesem Falle ersuche ich Durchlaucht...

FÜRST *auffahrend.* Was wollen Sie?

SCHWIGERLING. Ich gebe Ihnen mein Wort, ich habe dem Schwein alles beigebracht, was Sie einem halbwegs talentierten Schwein beibringen können. Es tanzt auf dem Seil, es berechnet Ihnen den Gang der Planeten im Kopf...

FÜRST. Ein Schwein, mein Herr, mag sich das ohne Knute gefallen lassen. Hier haben Sie es nicht mit Schweinen zu tun!

SCHWIGERLING *erregt.* Hier habe ich es hoffentlich...

FÜRST. Schweigen Sie, oder ... *Schwingt die Knute.*

SCHWIGERLING *ruhig.* Oder?

FÜRST *sich besinnend.* Ich lasse Sie vor die Türe werfen. Meine Kinder sind von der Wiege auf an die Knute gewöhnt. Wenn die drei Stunden aufhören, Striemen zu spüren, dann tanzen sie Ihnen auf der Nase herum. Das kann ich von einer Schweizer Gouvernante billiger haben. Wenn Sie ihnen Savoir-vivre beibringen wollen, dann müssen Sie etwas in der Hand haben. Ich will Ihnen zeigen, wie man Kinder erzieht, *Öffnet die Tür links und ruft.* Enjuscha, Alioscha! Holla!

SCHWIGERLING. Den hätte Renz nicht den Stall putzen lassen!

Enjuscha. Alioscha. Vorige.

Enjuscha, Alioscha machen Front gegen das Publikum. Schwigerling rechts, der Fürst links.

FÜRST. Dieser Herr, meine Kinder, ist euer Gouverneur. Werdet ihr alles bei euch behalten, was er euch beibringt?

ENJUSCHA, ALIOSCHA *zuckend.* Ja, Väterchen!

FÜRST. Werdet ihr gebildete Umgangsformen annehmen? Werdet ihr eine Rolle in der Welt spielen lernen?

ENJUSCHA, ALIOSCHA *zuckend.* Ja, Väterchen!

FÜRST. Werdet ihr ihm hinterrücks Gesichter schneiden und ihm auf der Nase herumtanzen?

ENJUSCHA, ALIOSCHA *zuckend.* Ja, Väterchen!

FÜRST *zu Schwigerling.* Da sehn Sie's nun! Da sehn Sie's! Da haben Sie's! – *Zu den Kindern, die Knute schwingend.* Was werdet ihr?!

Enjuscha, Alioscha haben sich unter Geschrei nach hinten geflüchtet.

SCHWIGERLING *dem Fürsten in den Arm fallend.* Halt, Freund!

FÜRST *stößt ihn beiseite.* Zum Kuckuck mit Ihnen! *Zu den Kindern.* Hierher, oder ... *Die Kinder neh men ihre frühere Stellung ein. Ihnen die Knute unter die Nase haltend.* Werdet ihr eurem Gouverneur auf der Nase herumtanzen?!

ENJUSCHA, ALIOSCHA *zuckend.* Nein, Väterchen!

FÜRST *wie oben.* Werdet ihr ihn respektieren? Werdet ihr in allem nach seinem Beispiel tun?

ENJUSCHA, ALIOSCHA *zuckend.* Nein, Väterchen!

FÜRST. Dummköpfe! *Sich abwendend, zu Schwigerling.* Die Begabung ist da, wie Sie sehen. Die haben sie von ihrem Vater. Verfahren Sie energisch und liebevoll und vergessen Sie die nötige Aufmunterung nicht. *Ihm die Knute in die Hand drückend.* Hier haben Sie sie. Ich werde täglich den Lektionen beiwohnen, um mich persönlich von Ihrem Eifer zu überzeugen. *Sich die Backe haltend, für sich.* Ich muß das Krokodil doch noch um Verzeihung bitten. *Nach rechts hinten ab.*

Elfter Auftritt

Vorige ohne den Fürsten.

SCHWIGERLING *die Knute auf dem Rücken, auf und ab gehend.* Das ist meine Art Dressur nicht, Iwan Michailowitsch! – Ehrgeiz kitzeln! Selbstgefühl wachrufen! Im Zirkus hat man andere Begriffe von Erziehung. Das Tier muß seinen Stolz dareinsetzen, hinüberzukommen, mit Anmut, mit Sicherheit über jedes erdenkliche Hindernis! Ich löse die Glieder, damit der Geist sie durchbebt, damit Freiheit und Freude durch jede Ader zittert, bis die Faszination in hellen Funken aus beiden Augen sprüht! – Das Tier muß seine Muskeln schwellen, seine Brust sich heben fühlen, wenn es der Welt gegenübertritt! – Darüber sprechen wir noch ein Wort, Fürstliche Durchlaucht! *Er knallt mit der Knute.*

Enjuscha, Alioscha, die regungslos im Vordergrund stehengeblieben, zucken zusammen und brechen in kurzes Wimmern aus.

SCHWIGERLING. Ich tue euch kein Leid, meine Kinder. Wir verstehen uns schon ohne Striemen. *Er reißt die Knute entzwei und drückt jedem ein Teil in die Hand.* Bewahrt das vorläufig zum Andenken, und tritt euch je wieder jemand damit entgegen, dann – dann springt ihm ins Gesicht und kratzt ihm die Augen aus. *Sich abwendend, für sich.* Ich vergesse ganz, wo ich bin. *Geht in Gedanken nach hinten.*

Katharina. Die Vorigen. Später Cölestin.

KATHARINA *von rechts hinten in knapper Promenaden-Toilette, Schwigerling bis zum Schluß des Auftrittes geflissentlich übersehend.* Da seid ihr ja! Fahrt mit nach Nikolskoje hinaus! Ihr dürft kutschieren.

ENJUSCHA, ALIOSCHA *ihr die Hände küssend.* Oh, mit tausend Freuden, Katja Alexandrowna!

KATHARINA *sich losmachend.* Hu, diese Weichlichkeit! Das wollen Männer werden! – Geht, macht euch fertig.

Enjuscha, Alioscha nach links vorn ab.

KATHARINA *nimmt von dem Tisch links ihre Handschuhe und rührt die Glocke. Vorn auf und nieder gehend, indem sie die Handschuhe anzieht.* Mir träumte von einem Adler, der hatte Schwingen, daß er den Himmel ausmaß, und er trug einen Strick am Fuß, der ihn unten am Boden hielt. Schließlich brach ihm das Herz. – Mir bricht das Herz: Das Leben wirft Wogen zur Sonne empor, bis an die Sterne. Ich weiß es. Ich fühl es Tag und Nacht – und sitze da, achtzehn Jahre alt, klaftertief unter dem Erdboden, jeder Puls ein Pistolenschuß! – – Das Leben tut Abgründe auf, in die man besinnungslos niederstürzt, hilflos, mit geschlossenen Augen; und dann hoch oben im Licht auf dem schäumenden Wellenkamm – auf und nieder! – ich werde grau und weiß nichts davon. – Ich habe Zaïre zuschanden geritten, ich werde nicht ruhiger. Ich habe Beethovensche Sonaten geklimpert, ich werde nicht ruhiger. Ich habe Wölfe gebändigt, ich werde nicht ruhiger. – Das Leben hegt noch geheime Schätze, was es auch sei, von denen man sich hier nichts träumen läßt.

CÖLESTIN *mit einer Fahrpeitsche von links hinten.* Wenn Gräfliche Gnaden belieben…

KATHARINA *die Peitsche nehmend.* Eingespannt?

CÖLESTIN. Die Troika wartet.

KATHARINA *rechts vorn.* Kama sitzt seit heute früh auf der Gartenmauer und rührt sich nicht. Den Kopf eingezogen starrt er in Gedanken versunken nach dem Horizont. Man wird ihm wieder nichts zu fressen gegeben haben!?

CÖLESTIN *links hinten.* Kama haben zum Dejeuner drei Kübel Küchenabfälle bekommen und später auf eigene Verantwortung hin noch zwei junge Leghühner auf dem Hofe verschlungen. Kamas geistvolle Attitüde möchte sich vielleicht richtiger auf eine Indigestion zurückführen lassen.

KATHARINA. Ein Glück, daß sich Kama zu helfen weiß, wenn man ihn vernachlässigt! – *Für sich.* Er sah mich so schwermütig an mit seinen regungslosen Augen…

CÖLESTIN. Bei Kamas unheimlicher Lebensfähigkeit glaube ich, daß Gräfliche Gnaden vollkommen außer Sorge sein können.

Enjuscha, Alioscha in Stiefeln und Pelzmütze kommen von links zurück.

KATHARINA *zu Schwigerling, der sich während der ganzen Szene rechts hinten gehalten.* Übrigens danke ich Ihnen, mein Herr, daß Sie meiner Rosinante heute morgen im Dorfe wieder auf die Beine geholfen.

SCHWIGERLING. Schade um Ihre Pferde, mein Fräulein!

KATHARINA. Kommt, Kinder! *Mit Enjuscha und Alioscha links hinten ab.*

Schwigerling. Cölestin. Später die Fürstin.

SCHWIGERLING *nach vorn kommend.* Wer ist das, himmlischer Lebœuf – Ich sitze vor dem Wirtshaus bei meinem Tee, da jagt in Karriere dieses Mädchen vorbei…

CÖLESTIN. Seit früh fünf Uhr in Karriere!

SCHWIGERLING. Gleich darauf Geschrei und Gejohl; ich sehe sie noch im Sattel, dunkelrot, dem zusammengesunkenen Tier die Gerte um den Kopf wetternd. Ich hebe sie sachte herunter, wobei sie mich angrollt, als wollte ich ihr ans Leben, und bringe den keuchenden Rapphengst mit Aufbietung meiner ganzen Tierarzneikunde wieder hoch. Ich biete ihr die Hand zum Aufsitzen. Wortlos, den Kopf im Nacken, die Unterlippe zwischen die Zähne geklemmt, jagt man, ohne zurückzublicken, zum Dorfe hinaus.

CÖLESTIN. Man nennt sich Katharina Alexandrowna und will die Tochter des Grafen Totzky sein. Die Mutter, die bei ihrer Geburt das Zeitliche zu segnen vorzog, wäre demnach eine Schwester des Fürsten Rogoschin gewesen. Bis zu ihrem sechzehnten Jahre hauste sie beim Grafen Totzky auf einem halbverfallenen Edelhof im Gouvernement Saratow und bildete mit dem Alten zusammen den Schrecken der Umgegend. Wochenlang soll sie sich in Mannskleidern mit ihm im Lande herumgetrieben haben, Tag und Nacht zu Pferde, die Urwälder nach Raubtieren absuchend, die sie dann auf ihren Edelhof schleppten und zähmten, bis ihnen die Bestien aus der Hand fraßen. Als der Alte dann ohne eine Kopeke zu hinterlassen zur Hölle fuhr, war Fürst Rogoschin wahnsinnig genug, ihr und ihrer Menagerie sein Haus zu öffnen. Die Tiere sind, Gott sei Dank, bis auf eines krepiert. Aber dafür hetzt sie jetzt die Menschen hier ebenso durcheinander, wie sie es vorher mit ihren Bestien getan hat. Nur über eine hat sie keine Gewalt…

Fürstin von links, geht quer über die Bühne. Cölestin und Schwigerling verneigen sich. Sie grüßt huldvollst. Ab nach rechts.

CÖLESTIN *weit ausholend.*

»Der Sonne gleich, wie majestätisch sie

Im Osten sich empor zur Wölbung rollt,

Mild niederstrahlend, bis sie ferne scheidet

In düstrer blutgefärbter Purpurglut!«

»Phädra« – du erinnerst dich!

SCHWIGERLING *die Tür fixierend, durch die die Fürstin verschwunden.* An wen erinnert mich denn die Frau!

CÖLESTIN. Das ist es, lieber Freund! Sie hat das Eigentümliche, daß sie jedermann an irgend jemanden erinnert.

SCHWIGERLING *wie oben.* Ich war im Verlauf meines Lebens so manches liebe Mal in der hohen Gesellschaft zu Gast…

CÖLESTIN. Eine Sphinx, sag ich dir!

SCHWIGERLING *wie oben.* Ich war Kavalier Ihrer Majestät der Kaiserin von Brasilien auf der irländischen Fuchsjagd…

CÖLESTIN. Wenn du ihr in der Patience gegenübersitzt, dann überkommt es dich wie Geistergruß!

SCHWIGERLING *sich plötzlich nach ihm umwendend.* Ich begreife dich nicht!

CÖLESTIN. Ein verkörpertes Requiem!

SCHWIGERLING. Kann denn der Mensch mehr als Künstler sein, um die junge Welt im Zügel zu führen! Was hindert dich denn, dir alles Herzbestrickende, was dir der Zufall in den Weg führt, tributpflichtig zu machen! Du bist doch, weiß Gott, kein Saugkalb mehr, um dich an den ehrfurchtgebietenden Anwandlungen dieser erbleichenden Korkzieherlocken zu versündigen!

CÖLESTIN. Lebensart, mein Lieber! Lebensart! – Ich habe dir von Anfang an gesagt – unsere Beziehungen sind rein!

SCHWIGERLING. Daß dich der …! *In gemütlichem Tone.* Du tust mir leid, lieber Freund. Du bist hier aufgefahren. Möglich, daß mich der Himmel extra hierher gesandt, um dich alten Piraten wieder flottzumachen. Wir haben kein Heim, wir haben keinen Besitz; dafür verlieh uns der Himmel jenes dämonische Je ne sais quoi…

CÖLESTIN. Bleib mir weg mit dem Je ne sais quoi. Das habe ich satt.

SCHWIGERLING. Das wäre noch kein Grund, dich zum Stiefelputzer zu erniedrigen!

CÖLESTIN. Immer noch hundertmal lieber Stiefelputzer als Schulmeister.

SCHWIGERLING. Ich bin nur auf der Durchreise hier. Als ich mich in Petersburg mit Renz überworfen, kam mir dieser Fürst wie von Gott. Warum denn nicht einmal Professor für moderne Philologie! Man genießt der Ruhe und pflegt seinen Körper, bis irgendwo am Firmament wieder die Sonne durchbricht. Dann aber mit frischen Kräften hinaus! Du bist ein Mann, Lebœuf; du hast Kopf und Herz, du bist jünger als ich *Ihm die Hand reichend.* geh mit, wenn hier meine Stunde schlägt!

CÖLESTIN. Unmöglich!

SCHWIGERLING. Mit deinem idealen Plunder hast du zeitlebens das Nachsehen! – Elastizität! Du bist aus der Übung. Ich bin dreimal vom Turmseil gestürzt, ich war siebenmal verheiratet, ich war siebenmalsiebzigmal zum Sterben verliebt. Kein Glied an meinem Körper, das ich nicht schon gebrochen. Aber zeig mir die Situation, deren ich mich nicht zu bemeistern wüßte! Das lernt sich im Zirkus, siehst du. Ein entschlossener Sprung, und wenn der Fuß die Erde berührt, eine graziöse Kniebeuge, daß man nicht auf die Nase fällt. Jeder stürzt mal in Nacht und Finsternis, aber wem es an Elastizität gebricht, der bleibt im Grase und die wilde Jagd saust johlend, kläffend, achtlos über ihn hin.

Vierzehnter Auftritt

Der Fürst. Vorige. Später Mitja und Kolja.

FÜRST *von links, geht auf und nieder, bleibt vor Cölestin stehen.* Hat man schon solch ein Galgengesicht gesehen!

CÖLESTIN *sich verbeugend.* Haben Durchlaucht noch sonst etwas zu befehlen?

FÜRST. Hinaus!!!

Cölestin links hinten ab.

FÜRST. Nehmen Sie Platz, lieber Feodor Petrowitsch.

SCHWIGERLING. Durchlaucht wünschen sich über meine prügelfreie Erziehungsmethode zu informieren?

FÜRST. Bitte, nehmen Sie Platz.

SCHWIGERLING *dem Fürsten die Chaiselongue bietend.* Durchlaucht. *Er holt sich einen Sessel. Beide setzen sich.* Sie sollten Ihre Kinder erst mal in eine Kaltwasserheilanstalt schicken.

FÜRST. Ich werde sie morgen in eine Kaltwasserheilanstalt schicken. Nun sagen Sie mal, lieber Feodor Petrowitsch, Sie sind also tatsächlich Zigeuner?

SCHWIGERLING. Halb und halb. Mein Vater war ein Ostasiate, meine Mutter Vollblut-Zigeunerin. Auf einem Planwagen in den sonnigen Steppen Ungarns erblickte ich das Licht der Welt. Ich zog dann während meiner ersten Kindheit mit der Truppe meiner Eltern von Jahrmarkt zu Jahrmarkt durch Österreich, Polen, Deutschland, die Niederlande; dann den Rhein hinauf, über die Alpen ...

FÜRST. Schon gut. Schon gut. Was ich Sie noch fragen wollte. *Sein Zigarettenetui öffnend.* Sie rauchen natürlich?

SCHWIGERLING *sich bedienend.* Danke. *Schlägt Feuer für den Fürsten und sich. Pause.* Laferme?

FÜRST. Laferme – aus Petersburg.

SCHWIGERLING. Ich habe sie bei der Prinzessin von Capua geraucht.

FÜRST. Auf dem Planwagen?

SCHWIGERLING. Später!

FÜRST. Ich ziehe sie den ägyptischen Zigaretten vor.

SCHWIGERLING. Sie sind billiger. *Pause.* Die Prinzessin von Capua pflegte sie zu inhalieren. *Pause.* Können Durchlaucht durch die Nase rauchen?

FÜRST *versucht es, prustet, geht zum Tisch und stürzt einen Wutki.* Nein! – Ohne Umschweife, Feodor Petrowitsch Schwigerling, ich habe Sie nicht in meinen Dienst genommen ...

SCHWIGERLING. Um, wie Sie in Petersburg vorgaben, moderne Sprachen zu lehren ...

FÜRST. Sondern um ...

SCHWIGERLING. Die Knute zu führen!

FÜRST *wieder Platz nehmend.* Ja, das war der Vorwand, sehen Sie! – Sie befinden sich aus einem ganz anderen Grunde hier. Sie werden nicht wenig erstaunt sein.

SCHWIGERLING. Ja. – Hm.

FÜRST. Warten Sie nur. Ich muß Ihnen die Geschichte von Anfang an erzählen.

SCHWIGERLING. Dann erzählen Sie bitte.

FÜRST. Als zu Anfang letzten Sommers ein weitläufiger Verwandter und ehemaliger Kriegskamerad von mir – in der Krim haben wir in ein und demselben Bette geschlafen. Er hatte die Gewohnheit, nachts auf den Dachgiebel zu steigen. Er hatte das von seinem Vater, dessen Mutter sich an einem Schornsteinfeger versehen haben soll, als sie ihn unter dem Herzen trug ...

SCHWIGERLING. Als sie den Vater unter dem Herzen trug?

FÜRST. Natürlich. Oder haben Sie schon einmal gehört, daß eine Großmutter ihren Enkel unter dem Herzen trägt?

SCHWIGERLING. Gewiß nicht. Also was war mit der Großmutter?

FÜRST. Ja. – Ich glaube nicht an den Schornsteinfeger. Aber lassen Sie uns zur Sache kommen.

SCHWIGERLING. Kommen wir zur Sache!

FÜRST. Als zu Anfang letzten Sommers – deshalb schliefen wir in der Krim nämlich in ein und demselben Bette. Er wickelte sich abends einen Bindfaden um die große Zehe...

SCHWIGERLING. Das kenne ich alles.

FÜRST. Um so besser. Dann brauche ich es Ihnen nicht erst zu erzählen. Als er zu Anfang letzten Sommers in seinen besten Jahren eines Nachts zu Hause nun richtig vom Dachgiebel stürzt, war es meine Pflicht als Mensch sowohl wie als ehemaliger Kriegskamerad, seiner einzigen Tochter in meinem Hause ein Asyl zu bieten.

SCHWIGERLING. Weiter, Durchlaucht.

FÜRST. Ich bin zu Ende.

SCHWIGERLING. Schon?

FÜRST. Leider Gottes.

SCHWIGERLING. Um so besser. Ich glaube dieses Meisterwerk der Natur bereits gesehen zu haben. Gestatten mir Durchlaucht die Bemerkung...

FÜRST. Ich weiß schon, was Sie sagen wollen.

SCHWIGERLING. Um so besser, Durchlaucht.

FÜRST. Was sagen Sie dazu?

SCHWIGERLING. Was ich dazu sage?

FÜRST. Ja.

SCHWIGERLING. Das wissen Sie ja schon.

FÜRST. Ja, ich sage Ihnen...

SCHWIGERLING. Ja, nun sagen Sie mal.

FÜRST. Das sage ich ja gerade!

SCHWIGERLING. Du lieber Gott, es führen so viele Wege nach Rom.

FÜRST. Ich habe jedenfalls nicht die Absicht, mir von Ihnen den Weg auskundschaften zu lassen.

SCHWIGERLING. Das tut mir aufrichtig leid.

FÜRST. Ich habe Moskau zu meinen Füßen gesehen!

SCHWIGERLING. Das ist nun nur schon ein wenig lange her.

FÜRST. Es läßt sich berechnen.

SCHWIGERLING. Ein guter Tropfen, meinen Sie, gewinnt mit dem Alter?

FÜRST. Ich habe eines nach dem andern meiner reichen Herrschaftsgüter aufs Spiel gesetzt!

SCHWIGERLING. Zum Teufel!!

FÜRST. Man nennt mich einen eingefleischten Esel!

SCHWIGERLING. Das ist bedenklich.

FÜRST. Das ist sehr bedenklich!

SCHWIGERLING. Das gebe ich zu.

FÜRST. Weil ich meine Gefühle dadurch ins Ungeheure gesteigert sehe!

SCHWIGERLING. Reisen Durchlaucht auf einige Jahre ins Ausland.

FÜRST. Und so habe ich mich denn entschlossen – damit komme ich nämlich auf den Grund, weswegen ich Sie hierher berufen, zurück –, nach reiflicher Überlegung fest entschlossen, die Angelegenheit zu einem für mich befriedigenden Abschluß zu bringen!

SCHWIGERLING. Durchlaucht finden in Wien und Paris Gelegenheit vollauf, um sich von Ihrer Gemütsaffektion zu erholen.

FÜRST. Und dazu, mein lieber Feodor Petrowitsch, werden Sie mir das Mittel liefern.

SCHWIGERLING. Ich gebe Ihnen die glänzendsten Empfehlungsschreiben mit…

FÜRST. Danke, die habe ich schon. Es handelt sich hier um ein ganz anderes Mittel. Sie kennen es. Die Zigeuner bewahren es als ihr teuerstes Geheimnis.

SCHWIGERLING. Die Zigeuner?

FÜRST. Sie sind doch Zigeuner?

SCHWIGERLING. Gewiß, aber…

FÜRST. Das kennt man schon. Genug, daß Sie mich verstehen.

SCHWIGERLING. Bis jetzt keine Silbe.

FÜRST. Wieviel fordern Sie für die Herstellung Ihres Trankes?

SCHWIGERLING. Meines Trankes?

FÜRST. Wenn man ihn unter gewissen Zeremonien zu sich nimmt, fühlt die Person, die man dabei im Auge hat, ein lebhaftes Bedürfnis nach Liebe in sich erwachen…

SCHWIGERLING. Der macht sich über mich lustig!

FÜRST. Die Person kennt keinen heißeren Wunsch mehr, als den Mann, der den Trank zu sich genommen hat, zu besitzen.

SCHWIGERLING. Ist das Tatsache?

FÜRST. Sobald ich mich durch Ihren Trank zufriedengestellt sehe, haben Sie Ihre volle Freiheit wieder.

SCHWIGERLING. Meine Freiheit?

FÜRST. Sie können sich irgendwo im Keller unten ein Laboratorium einrichten. Da mögen Sie filtrieren und Hokuspokus machen, soviel Sie Lust haben.

SCHWIGERLING. Ich träume doch nicht vielleicht?

FÜRST. Sparen Sie sich Ihre Verstellungskünste. Sie langweilen sich und mich damit. Sie sehen, daß Sie keinen Neuling vor sich haben.

SCHWIGERLING. Ja, das sehe ich allerdings! – *Sich erhebend.* Ich bitte Sie, Durchlaucht, sich einen geriebneren Betrüger zu suchen! Ich kann mich auf solche Gaunereien nicht einlassen! Ich bin hier als Professor für moderne Sprachen engagiert…

FÜRST. Als was sind Sie engagiert? *Gleichfalls aufspringend.* Ich will Ihnen zeigen, als was Sie engagiert sind! *Ruft.* Mitja! Kolja!

SCHWIGERLING. Zum Teufel!

Mitja, Kolja von rechts und links hinten, mit Stricken, postieren sich vor die Türen.

FÜRST. Sie brauen mir Ihren Trank!

SCHWIGERLING. Es gibt ein Mittel, Durchlaucht…

FÜRST. Was Sie sagen!

SCHWIGERLING *für sich.* Zum ersten offnen Fenster hinaus!

FÜRST. Was Sie zur Zubereitung brauchen, lassen Sie auf meine Kosten aus Petersburg kommen.

SCHWIGERLING. Beweisen Sie der Dame, daß Sie Moskau zu Ihren Füßen gesehen! Sie nahen sich ihr bei günstiger Gelegenheit…

FÜRST. Nach dem Diner zum Beispiel…

SCHWIGERLING. Und applizieren ihr mit rascher Entschlossenheit…

FÜRST. Ihren Trank!

SCHWIGERLING. Einen Kuß!

FÜRST. Einen Was?

SCHWIGERLING. Einen Kuß!

FÜRST. Ich? – – Ihr?

SCHWIGERLING. Dann fühlen Durchlaucht sich vergöttert!

FÜRST. Dann fühlen Durchlaucht sich geohrfeigt – Sie Beduine!

SCHWIGERLING. Ich habe mich von Ihnen nicht als Nekromant engagieren lassen!

FÜRST. He, Mitja, Kolja! Angepackt!

Mitja, Kolja dringen auf Schwigerling ein.

SCHWIGERLING. Sie sind ein Narr! Sie gehören ins Irrenhaus!

FÜRST. Angepackt! Hinunter mit ihm! In den Keller!

SCHWIGERLING *sich wehrend.* Sehe sich vor, wem seine Knochen lieb sind!

FÜRST *die Knute schwingend.* Hollahoh, Kinder! Hopp! Hollahoh!

SCHWIGERLING *überwältigt und gebunden.* Ihr Hunde! Ihr Kosaken! Ihr Sklavenpack!

FÜRST *während man Schwigerling hinausträgt.* Sie brauen mir Ihren Trank, das schwöre ich Ihnen!

SCHWIGERLING *in der Tür.* Dieser fürchterliche Esel!

FÜRST *nadi vorn kommend.* O Katja! – *Stürzt einen Wutki.* Wir sind in Rußland.

Zweiter Aufzug

Erster Auftritt

Die Fürstin rechts vorn in einem bequemen Lehnsessel, wickelt eine Stange Garn auf, die Cölestin, welcher vor ihr auf einem Schemel sitzt, über die Fußspitzen geschlagen trägt. Die Fürstin trägt gleichfalls eine Stange Garn über die Fußspitzen geschlagen, welche Cölestin aufwickelt.

CÖLESTIN. Wüßten Sie, erhabene Gebieterin, wie mir angesichts der Vorgänge in diesem von Gott verlassenen Hause das Herz blutet. Dieser Idiot, zu wenig Mensch, um das Kleinod, das er in Ihnen besitzt, würdigen zu können, kennt kein höheres Ziel, als seinen kostbarsten Schatz unter die Füße zu treten, vor der Welt zu beschimpfen, an eine Abenteuerin, eine Barbarin, eine Tierbändigerin zu verraten. Wüßten Sie, welche Mühe es mich oft kostet, meinen Zorn zu bemeistern.

FÜRSTIN. Der Fürst, mein himmlischer Freund, ist ein besserer Mensch, als er zu sein glaubt. Möglich, daß eine vorübergehende Laune Iwan Michailowitsch manchmal treibt, mich verraten zu wollen. Er kämpft umsonst gegen seine unwandelbare Treue. *Sie zerrt an dem Knäuel, das sie in Händen hält.* Seine Lage ist bemitleidenswürdig!

CÖLESTIN. Es will sich nicht abwickeln?

FÜRSTIN. Es ist ein Knoten darin. *Nachdem Cölestin den Knoten gelöst.* Ich danke Ihnen.

CÖLESTIN. Sie sind die erhabenste Seele, teuerste Fürstin, die mir in diesem Leben entgegentrat!

FÜRSTIN *während beide die Stränge vollends aufwickeln.* Die einen tragen den Dolch in der Brust und die andern greifen sich in den Busen. Von Ihnen, mein Teurer, träumte mir, als ich noch mit jungfräulichen Kinderaugen in diese Welt sah. Schweigen wir lieber davon. *Sich erhebend.* Ich erinnere mich auch so genau nicht mehr! – Ich höre den Fürsten. Seien Sie vernünftig, ich beschwöre Sie! *Halb für sich.* Die Jahre haben mich meiner anbetungswürdigen Schönheit nicht beraubt, ohne mich durch eine entsprechende Verbreiterung meines Rückens dafür zu entschädigen. *Sich in der Tür noch einmal umwendend.* Lassen Sie sich nicht hinreißen! *Ab nach rechts vorn.*

Cölestin. Der Fürst. Dann Kolja.

FÜRST *von rechts hinten, öffnet das Fenster und ruft.* Kolja! Kolja! *Geht nach links vorn und rührt die Glocke, darauf nach rechts vorn gegen Cölestin.* Wo ist die Gräfin?

CÖLESTIN *hinter den Sessel flüchtend.* Ich weiß nicht, Durchlaucht.

FÜRST. Soll ich dir die Nase abschneiden?

CÖLESTIN *schlotternd.* Durchlaucht haben sie mir nicht zum Aufbewahren gegeben.

FÜRST. Die Fürstin war hier?

CÖLESTIN. Ich – ich weiß es nicht.

FÜRST *während sich Cölestin fortgesetzt verneigt.* Du bist ein Ohrenbläser, ein Speichellecker, ein Achselträger, ein Chamäleon! Du spielst hier den Spion!

KOLJA *von links hinten.* Durchlaucht befehlen?

FÜRST. Du hast ihn doch nicht allein gelassen?

KOLJA *eintönig.* Mitja hält statt meiner Wache. Mitja steht, das Gewehr im Arm, in der Kellertür. Feodor Petrowitsch sitzt seit gestern abend am Herd und bläst in die Kohlen. Wenn die Glocke im Dorf schlug, hörten Mitja und ich Feodor Petrowitsch Beschwörungen aussprechen. Um Mitternacht schickte Feodor Petrowitsch Mitja hinauf, um Tatjana aus dem Bette zu holen. Tatjana stieg, in Mitjas Kaftan eingehüllt, in den Keller hinunter. Feodor Petrowitsch fragte Tatjana, ob sie schon einmal geliebt habe. Darauf mußte sich Tatjana zu Feodor Petrowitsch setzen und Feodor Petrowitsch weiße Figuren auf den Kaftan nähen. Die ganze Nacht hindurch nähte Tatjana Feodor Petrowitsch weiße Figuren auf den Kaftan. Bei Tagesanbruch schickte mich Feodor Petrowitsch hinauf, um ein reichliches Gabelfrühstück für zwei Personen hinunterzuschaffen. Darauf frühstückte Feodor Petrowitsch mit Tatjana zusammen. Seither hilft Tatjana Feodor Petrowitsch fleißig, die Retorten bedienen.

CÖLESTIN *für sich.* Dieser Halunke!!

FÜRST. Man soll Feodor Petrowitsch nichts verweigern, was er verlangt. Hat er Persevon getötet?

KOLJA *eintönig.* Nachdem ihm Eure Durchlaucht Persevon überantwortet, hat Feodor Petrowitsch Persevon ins Herz gestochen. Aber Feodor Petrowitsch sagt, Persevons Herz sei gar nicht mehr zu gebrauchen, weil Persevon schon einmal Junge geworfen. Feodor Petrowitsch habe Eure Durchlaucht gefragt, ob Persevon schon einmal Junge geworfen, und Eure Durchlaucht haben Feodor Petrowitsch geschworen, Persevon habe noch keine Jungen geworfen.

FÜRST *auf und ab rennend.* Mein bester Vorstehhund! Mein bester Vorstehhund! Schlag ihm die Pest in seine verzwickte Nase!

KOLJA *wie oben.* Feodor Petrowitsch sagt, die Leber eines Raubvogels versehe ihm den nämlichen Dienst.

FÜRST *die Hände ringend.* Das Tier hat mir achthundert Rubel gekostet! Bare achthundert Rubel!

CÖLESTIN *für sich.* Der bildet sich wohl ein, wir hätten hier keine Raubvögel!

FÜRST. Die Leber eines Raubvogels? – Geh in den Keller, sag ihm, wenn er sein Gebräu bis zur Vesperglocke nicht fertig habe, lasse ich ihn krummschließen.

KOLJA. Feodor Petrowitsch sagt, sobald er die Leber eines Raubvogels habe, sei er fertig damit.

FÜRST. Die Leber eines Raubvogels? – Die Leber eines Raubvogels? – Hopp, Kolja, wirf dich in den Sattel! In den Wald hinaus! Schieß alles herunter, was durch die Bäume fliegt! – *Da sich Kolja nicht rührt.* Soll ich dir Beine machen?

KOLJA *eintönig.* Im Wald draußen fliegt nichts mehr durch die Bäume, Durchlaucht, da Gräfin Katharina Alexandrowna schon alles, was durch die Bäume flog, heruntergeschossen haben.

CÖLESTIN *katzbuckelnd.* Gestatten mir Durchlaucht, untertänigst auf den lausigen Aasgeier hinzuweisen, der seit Jahr und Tag auf dem Hof herumhupft und uns unsere besten Leghühner verschlingt.

FÜRST. Kama?! – Das Vieh vergaß ich. *Zu Kolja.* Dreh ihm den Hals um. *Im Abgehen.* Gott sei gelobt!

Kolja links, der Fürst rechts hinten ab.

Cölestin.

CÖLESTIN *sich hoch aufrichtend.* Kama ein Kind des Todes! Soll ich denn nicht auch das Meinige zur Schürzung des Knotens beitragen? *Man hört vom Hof unten den Geier krächzen.* Das war der Schwanengesang seiner jämmerlichen Liebeshoffnung! Lebœuf setzt Kama keine Suppe mehr vor. Ich mich hinreißen lassen? Läßt sich ein Mann von Welt hinreißen? – Meine teure Mutter hatte mich zum Charakterdarsteller bestimmt: Hamlet, Othello, Richard III. – statt dessen habe ich Kammerdiener gespielt! So bin ich denn Kammerdiener geworden, um meinen unbezahlbaren Charakter frei entfalten zu können! *Rechts vorn ab.*

Vierter Auftritt

Schwigerling. Tatjana. Mitja.

SCHWIGERLING *von links hinten, schwarzes Barett und Talar, beides mit magischen Charakteren bedeckt, in der Rechten einen Elfenbeinstab, in der Linken einen gefüllten silbernen Pokal, Tatjana am Arm führend. Hinter ihm Mitja, das Gewehr im Arm. Zu Mitja in feierlichem Grabeston.* Ich lasse Seine Durchlaucht im Namen seiner infernalischen Majestät des leibhaftigen Gottseibeiuns bitten, sich herbemühen zu wollen. *Zu Tatjana.* Wenn ich dir, mein getreuer Famulus, für deine aufopfernde Hilfeleistung mit einer Wünschelrute oder mit einem verwandelten Prinzen dienen kann...

TATJANA. Ach Gott, es war mir doch eine solche Freude!

SCHWIGERLING. Kein Zauberkobold, kein Glücksmännchen gefällig?

TATJANA. Ach Väterchen, wenn Sie mir nur...

SCHWIGERLING. Ohne Scheu! Für unsereinen existieren keine Unmöglichkeiten.

TATJANA. Wenn mir Väterchen bei dem Zauberkobold auch wieder erlauben wollten, bei der Zubereitung behilflich zu sein.

SCHWIGERLING. Die Retorten bedienen? *Sie küssend.* Versteht sich, mein getreuer Famulus. – *Zu Mitja.* Ich lasse Seine Durchlaucht im Namen der ganzen Hölle ersuchen ... *Da sich Mitja nicht rührt.* Ach so, ich vergesse ganz...

TATJANA. Ich werde Seine Durchlaucht davon benachrichtigen.

SCHWIGERLING *sie mit dem Stabe berührend.* Mein Traumgenius belohne deinen nächtlichen Schlummer dafür.

Tatjana nach rechts hinten ab.

SCHWIGERLING. Volle zwölf Stunden habe ich darüber nachgedacht. Einen Liebestrank oder mein Leben. Wer in der Welt zaubert da schließlich nicht. Ich ersinne das Menschen-Unmöglichste, um meinen Zauber zu hintertreiben. Man sagt mir, unter allen Bestien im Hause stehe der Hühnerhund seinem Herzen am nächsten. Er opfert den Hühnerhund und fordert den Trank. Ich verlange die Leber eines Raubvogels, in fünf Minuten ist ein Lämmergeier zur Stelle. Wenn jetzt nicht zur rechten Zeit noch die russische Revolution ausbricht, dann werde ich mein schönes Leben wohl an diesem dunkelsten Ende der Welt ruhmlos beschließen müssen.

Der Fürst. Die Vorigen.

FÜRST *von rechts hinten zu Mitja.* Pack dich!

Mitja ab.

FÜRST *Schwigerling den Trank abnehmend.* Sie scheinen in solchen Geschichten ja vollkommen zu Hause zu sein.

SCHWIGERLING *mit einem Blick auf sein Kostüm.* Wir finden im Gehrock nicht das nötige Selbstvertrauen.

FÜRST *den Trank schüttelnd.* Was haben Sie denn da alles hineingerührt?

SCHWIGERLING. Das kann ich nicht verraten, ohne daß der Trank seine Kraft verliert.

FÜRST *mißtrauisch.* Hm…

SCHWIGERLING. Wenn Durchlaucht sich nicht trotzdem entschließen können.

FÜRST. Das werde ich! *Ihm den Becher hinhaltend.* Allez hopp! Trinken Sie!

SCHWIGERLING *zurücktretend.* Durchlaucht würden mich zum Glücklichsten aller Sterblichen machen.

FÜRST. Ach so, ja. *Will den Becher ansetzen.*

SCHWIGERLING *ihm in den Arm fallend.* Einen Augenblick! – Durchlaucht müssen den Trank nämlich in einem Zuge leeren…

FÜRST. Das versteht sich doch ganz von selbst! *Will ansetzen.*

SCHWIGERLING *ihn aufhaltend.* Und haben dabei nur eine Bedingung zu erfüllen. Durchlaucht dürfen, wenn Sie den Becher austrinken, nicht an einen Bären denken!

FÜRST. An was darf ich dabei nicht denken?

SCHWIGERLING. An einen Bären.

FÜRST. Wenn es weiter nichts ist! *Will trinken.*

SCHWIGERLING *ihn aufhaltend.* Nur an keinen Bären denken!

FÜRST. An keinen Bären, sagen Sie?

SCHWIGERLING. An keinen Bären. Das ist die einzige Bedingung.

FÜRST. Sonst darf ich an alles denken?

SCHWIGERLING. Woran Durchlaucht zu denken belieben. Einzig und allein nur an keinen Bären.

FÜRST. Also an keinen Bären! *Will trinken, besinnt sich und schüttelt Schwigerling die Hand.* Ich danke Ihnen. Ich hätte eben beinah an einen Bären gedacht. *Versucht wieder zu trinken, sieht Schwigerling mißtrauisch an, geht ins rechte Proszenium, versucht es dort, schüttelt den Kopf, geht ins linke Proszenium hinüber, erneutes stummes Spiel.* Ich habe weiß Gott seit zwanzig Jahren an keinen Bären mehr gedacht!

SCHWIGERLING *die Mitte haltend.* An was man auch nicht alles zu denken hat!

FÜRST. Ich denke das ganze Jahr an nichts! Und gerade jetzt … *Geht auf Schwigerling zu und schlägt ihm seinen Talar auseinander.* Ich wollte nur sehen, ob Sie da nicht vielleicht einen kleinen Bären versteckt halten. *Nach rechts gehend.* Ich muß mich zusammennehmen. Ich bin zerstreut.

SCHWIGERLING. Wenn sich Fürstliche Durchlaucht nur recht gehörig ins Zeug legen wollen!

FÜRST *sich die Stirn trocknend.* Ich arbeite wie ein Ackergaul! *Nach erneutem Versuch.* Ich sehe schon eine ganze Bärenfamilie um mich herum!

SCHWIGERLING. Es fehlt nur die richtige Sammlung. Sobald Durchlaucht die Überzeugung gewonnen, daß Sie mit keinem Gedanken an einen Bären denken, dann ergreifen Durchlaucht einfach den Trank und stürzen ihn, ohne dabei an einen Bären zu denken, hinunter.

FÜRST. Sehen Sie mich nicht an, Feodor Petrowitsch. Kehren Sie mir den Rücken zu. Ich muß mich vollkommen unbeobachtet wissen.

SCHWIGERLING *abgewandt.* Es fällt einem so manche edle Tat vor Zeugen schwer. *Nach einer Pause.* Haben Durchlaucht geschluckt?

FÜRST. Noch nicht.

SCHWIGERLING. Noch immer nicht?

FÜRST. Einen Augenblick! – – O Katja, Katja, mein Engel, daß ich mich zuerst mit diesem verdammten Bären herumhetzen muß!

SCHWIGERLING. Durchlaucht regen sich viel zu sehr dabei auf. Das ist von Übel. Man darf sich nicht zu sehr dabei aufregen. Die Hitzigkeit schadet nur. Man muß vollkommen kaltblütig dabei bleiben.

FÜRST. Sie haben recht, Feodor Petrowitsch. Ich beschäftige mich in Gedanken schon zu sehr mit der Nachwirkung, mit den Dingen, die da kommen sollen.

SCHWIGERLING. Begeben sich Durchlaucht ruhig auf Ihr Zimmer und sammeln Sie sich.

FÜRST. Das werde ich tun. Meine Reitknechte postiere ich mit geladenen Revolvern vor die Ausgänge, damit Sie nicht etwa Lust bekommen, das Weite zu suchen. Vorläufig meinen Dank, Feodor Petrowitsch. Wenn der Zauber nicht hilft, lasse ich Sie im Keller unten einmauern und verhungern. Sie können den Kindern derweil eine Fechtstunde geben. *Die Tür links öffnend.* Enjuscha! Alioscha! *Nachdem die Kinder eingetreten.* Erteilen Sie ihnen eine Fechtstunde mit italienischer Konversation.

SCHWIGERLING. Ganz wie Durchlaucht befehlen. Nur den Bären nicht vergessen!

FÜRST. O, den behalte ich im Kopf! Wenn der Trank nichts hilft, werden Sie vor dem Fenster der Dame angeknüpft. Viel Vergnügen! Viel Vergnügen!

SCHWIGERLING. Viel Vergnügen, Durchlaucht! *Ihm nachrufend.* Verehrter Freund …! *Da sich der Fürst umwendet.* An keinen Bären denken!

FÜRST. Hol Sie der Teufel! *Rechts hinten ab.*

Sechster Auftritt

Schwigerling. Enjuscha. Alioscha. Dann der Fürst. Dann die Fürstin.

SCHWIGERLING. Eure Waffen!

Enjuscha, Alioscha nach links ab.

SCHWIGERLING *legt sein Barett ab, schlägt den Talar auseinander und fährt sich durchs Haar.* Wer hätte so etwas je für möglich gehalten! – Eine Revolverkugel läßt schlecht mit sich sprechen!

Enjuscha, Alioscha kommen mit zwei Floretts, Fechthandschuhen und Masken zurück.

SCHWIGERLING *Enjuschas Florett nehmend.* Attendite, Signori! *Nimmt die Auslage.* Così la posizione! – Il piè destro un e mezzo piè ... *Prüft das Florett, reißt den Ballen herunter und versucht die Platte zu lösen.* Damit könnte man sich ja allenfalls einen Weg bahnen. *Tut einige Stöße.*

ENJUSCHA. Wir kennen die Anfangsgründe, Herr Gouverneur.

SCHWIGERLING. Tanto meglio! – Ich habe keine Minute zu verlieren. Mein Bär hält nicht lange vor. – *Sich besinnend.* Mit dem Flederwisch gegen Pistolen?! – *Wirft sich auf die Chaiselongue.* Wie manche Hirnverbranntheit habe ich nicht schon in dieser Welt miterlebt, aber ...

FÜRST *mit dem Trank von rechts hinten nach links vorn.* Lassen Sie sich bitte nur ja nicht stören!

Schwigerling springt empor.

FÜRST *für sich.* Bei mir oben wimmelt es nur so von Bären. – Ganze Kolonne im Trab marsch! – Halt! – Ladet! Legt an! – Feuer ... *Läßt den Becher sinken, starr hineinglotzend.* Da sitzt die Kanaille! Da sitzt sie! Zwinkert mich hohngrinsend an! Katja! Katja! *Plappernd.* Schöne Minka, ich muß scheiden; schöne Minka, ich muß ...; schöne Minka, ich muß ... ich muß ... ich muß ... ich werde Cölestin knuten lassen. Das bringt einen noch am leichtesten auf andere Gedanken. *Links hinten ab.*

SCHWIGERLING *geht erregt auf und nieder.* Cölestin knuten lassen! Die Kinder zu Krüppeln schlagen! Die Gräfin verzaubern! Mich vor ihrem Fenster aufknüpfen! Das vollzieht sich hier im Hause alles mit einer Selbstverständlichkeit, wie ...

Die Fürstin von rechts, geht quer über die Bühne, nickt den Kindern freundlich zu, nach links ab.

SCHWIGERLING *ist Schritt vor Schritt, rückwärts gehend, wie vor einer Erscheinung vor ihr zurückgewichen. Darauf starrt er wie versteinert an die Tür, durch die sie sich entfernt.* Teufel noch mal! – Das ist doch rein um den Verstand zu verlieren! – Diese Hoheit! – Dieses majestätische Exterieur! Ich verfügte doch zeit meines Lebens immer über ein ganz phänomenales Gedächtnis ...

ALIOSCHA. Der Herr Gouverneur scheint heute gar nicht zum Fechten aufgelegt.

SCHWIGERLING *für sich.* Was hilft mir das alles! *Enjuscha die Klinge gebend.* Fate vedere, che voi avete appreso! – *Für sich.* Ich muß den Augenblick ausnützen. Hier scheint es bei niemandem mit rechten Dingen zuzugehen.

ENJUSCHA. Aber wir verstehen nicht eine Silbe Italienisch, Herr Gouverneur.

SCHWIGERLING *sich auf die Chaiselongue werfend.* Bindet die Klingen! – *Für sich.* Wenn sich Lebœuf wenigstens blicken ließe! Aber der himmlische Ochse ist hier auch schon verrückt geworden. *Zu den Kindern.* Los!! – *Die Kinder beginnen zu fechten. Schwigerling für sich.* Hätte ich den Narren doch Gift schlucken lassen! *Zu den Kindern.* Più alto la mano sinistra! – La mano sinistra! Il corpo diretto! – Più diretto!

ENJUSCHA, ALIOSCHA *sich zurückwendend.* Wir verstehen nicht, was Sie sagen, Herr Gouverneur.

SCHWIGERLING *aufspringend.* Haltung, Haltung, meine Kinder! Euch tut ritterliche Haltung not! Geht in den Zirkus, wenn ihr Kavaliere sehen wollt. *Mit einem der Floretts die Auslage nehmend.* So steht ein junger Fürst auf der Mensur!

ENJUSCHA. Ach Gott, wir sind nie in einem Zirkus gewesen!

SCHWIGERLING. Nie in einem Zirkus gewesen?!

ALIOSCHA. Wir hätten so gerne einmal einen Zirkus gesehen!

SCHWIGERLING. Großer Gott, ihr könntet euch selber im Zirkus sehen lassen!

ENJUSCHA. Oh, ich wäre gleich dabei!

ALIOSCHA. Ich auch! Ich auch!

SCHWIGERLING. Ihr seid prachtvoll gewachsen. Ihr könntet längst auf ungesattelten Ponys voltigieren!

ALIOSCHA. Oh, das wäre herrlich!

ENJUSCHA. Wollen Sie uns das nicht auch beibringen?

SCHWIGERLING. Ob ich euch das beibringen will! – Aber ihr hättet früher anfangen müssen! Vom fünften Jahre an täglich Bogen machen! *Alioscha den Arm unter den Rücken legend.* Beug dich zurück – welch eleganter Gliederbau! – zurück, zurück bis alles aus den Fugen springt. – Hopp!! *Er wirft ihn hintenüber und stellt ihn wieder auf die Füße.* Das ist die Elementarschule! *Mit Enjuscha die nämliche Übung vornehmend.* Der Körper muß einen Ring bilden, daß kein Mensch weiß, wo Anfang und Ende ist. Ein herrlicher Wuchs! – Hopp!! *Indem er ihn wieder auf die Füße stellt.* Daraus ergibt sich dann alles übrige von selbst: Flickflack, Battude, Parterrespringen, auf den Händen tanzen … Die nächste Übung ist der Salto mortale an der kurzen Longe. *Umhersuchend.* Eine kurze Longe! – Wo nehmen wir eine kurze Longe her!

Katharina. Die Vorigen.

KATHARINA *in Promenadentoilette, die Fahrpeitsche in der Hand, von links hinten.* Er könnte sich ja eventuell im Heuschober versteckt haben...

SCHWIGERLING *plötzlich zur Besinnung kommend.* Sieh da, der schöne Urquell meiner Leiden.

KATHARINA. Habt ihr Kama nicht gesehen, Kinder?

ENJUSCHA, ALIOSCHA. Nein, Katja Alexandrowna, wir haben Kama nicht gesehen.

KATHARINA. Geht, ruft mir Cölestin!

Die Kinder nach rechts vorn ab.

KATHARINA *für sich.* Heute früh flog er mir doch noch bis zum Hoftor nach.

SCHWIGERLING *für sich.* Gehen wir direkt zur Quelle!

KATHARINA. Haben Sie Kama nicht gesehen?

SCHWIGERLING *sich ihr mit einem Sessel nähernd.* Ich muß bedauern, der Dame nicht vorgestellt zu sein. Aber wenn mir Komtesse sonst zwei kurze Worte gestatten wollten...

KATHARINA *sich setzend, mit einem Blick auf seinen Talar.* Sie spielen hier wohl Alibaba und die vierzig Räuber?

SCHWIGERLING *sich setzend.* Ich befinde mich hier in meiner Eigenschaft als Professor für moderne Philologie...

KATHARINA. Ich glaubte, Sie wären Kunstreiter?

SCHWIGERLING. Von ganzer Seele, Komtesse!

KATHARINA. Es muß nicht leicht sein, sich bei Ihnen zu orientieren.

SCHWIGERLING. Orientiert bin ich, Komtesse...

KATHARINA. Das freut mich.

SCHWIGERLING. Es hat mich Kopfzerbrechen genug gekostet...

KATHARINA. Das glaub ich Ihnen.

SCHWIGERLING. Soviel steht indessen jetzt für mich fest, daß Fürst Iwan Michailo-witsch bis zum Wahnsinn in Sie verliebt ist.

KATHARINA. Der Dummkopf.

SCHWIGERLING. Bis zum Wahnsinn – wenn nicht weit darüber hinaus! Als mich der Fürst in Petersburg als Professor für moderne Philologie engagierte, hatte er ohne Zweifel schon die kapitale Idee gefaßt, Sie, mein verehrtes Fräulein, auf übernatürlichem Wege durch mich gefügig zu machen.

KATHARINA. Davon bin ich fest überzeugt.

SCHWIGERLING. So?

KATHARINA. Das sieht ihm vollkommen ähnlich.

SCHWIGERLING. Ja. Ich muß gestehen, daß ich nicht darauf gefaßt war. – Nun befinde ich mich also in der unangenehmen Lage, ihm entweder Sie, mein verehrtes Fräulein, so wie Sie dasitzen, in die Arme zu liefern oder meinen – Mangel an Welterfahrung, wenn ich mich so ausdrücken darf, mit meiner Freiheit, wenn nicht mit meinem Leben zu bezahlen.

KATHARINA. Er ist mir zu dumm.

SCHWIGERLING. Komtesse brauchten die Angelegenheit ja nicht allzu ernst zu nehmen. Eine kleine Komödie. Wenn sich Komtesse die Fingerspitzen küssen lassen wollten. Das hätte nicht die geringsten Konsequenzen für Sie.

KATHARINA. Er ist mir zu dumm.

SCHWIGERLING. Er ist Ihnen zu dumm?

KATHARINA. Ja. Er ist mir zu dumm.

SCHWIGERLING. Er ist allerdings sehr dumm; unwahrscheinlich dumm; das läßt sich nicht leugnen. Aber – um so besser für uns. Wenn ihm Komtesse zum Beispiel ein Rendezvous geben – möglichst weit vom Hause entfernt – an einer romantischen Stelle im Urwald...

KATHARINA. Er ist mir zu dumm.

SCHWIGERLING. Ich glaube Ihnen mit meiner Kavaliersehre dafür bürgen zu können, daß Sie nichts dabei aufs Spiel setzen.

KATHARINA *sich erhebend.* Er ist mir zu dumm. *Geht nach rechts.*

SCHWIGERLING. Weiß Gott im Himmel, ich bin der letzte, der das einem hübschen, begehrenswerten, jungen Mädchen, wie Sie es sind, verdenken kann. Aber es wäre doch nicht mehr als ein Scherz. Halten Sie mich bitte nicht der Ungeheuerlichkeit für fähig, daß ich Ihnen meiner Rettung wegen ein wirkliches Opfer zumute!

KATHARINA *rechts vorn.* Er ist mir zu dumm.

SCHWIGERLING *erhebt sich nervös, geht nach links vorn.* Wenn er Ihnen denn tatsächlich zu dumm ist ...! *Sich halb umwendend.* Es gilt ja allerdings nur ein Kunstreiterleben, Komtesse!

KATHARINA *sehr ruhig.* Wenn ich Ihnen aber sage, er ist mir zu dumm.

SCHWIGERLING *zuckt die Achseln.* Na, denn nicht!

KATHARINA. – Sagen Sie mir bitte, Herr...

SCHWIGERLING. Fritz Schwigerling.

KATHARINA. Ist es richtig, daß man im Zirkus die freie Verfügung über seine Person behält?

SCHWIGERLING. Jedenfalls wird man nicht an Händen und Füßen gefesselt in den Keller geworfen!

KATHARINA. Danach frage ich jetzt nicht!

SCHWIGERLING. Wonach fragen Sie denn?

KATHARINA. Ich meine, ein junges Mädchen. Eine Schulreiterin.

SCHWIGERLING. Darum kümmert sich der Zirkus nicht. Halten Sie den Zirkus bitte nicht für ein...

KATHARINA. Davon bin ich weit entfernt. Im Gegenteil, ich habe, so gut es mir allein möglich war, mich selbst zur Schulreiterin ausgebildet.

SCHWIGERLING. Wir taxieren eine Künstlerin nach ihrer Grazie, ihrem Temperament, nach ihrer – Seele, wenn Sie mir den Ausdruck erlauben. Ob Sie eine Schauspielerin als Ophelia oder eine Seiltänzerin auf dem hängenden Draht sehen, das Ausschlaggebende ist immer nur der Mensch, die geistige und körperliche Schönheit: Die Schönheit der Bewegung und die Schönheit der Formen. Und was wir auf dem Draht, im Trapez, am Reck, in den römischen Ringen vom Menschen verlangen, das suchen wir beim Tier durch die sorgfältigste, umsichtigste Erziehung zu wecken. Der Geist, die Seele, die in dem schönen Organismus schlummert, muß in vollendeter, rhythmisch gebundener Form zutage treten. Es war etwa vor hundert Jahren, da lebte in Deutschland oder wo ein sogenannter – Dichter, ein gewisser – wie nannte er sich doch noch...

KATHARINA *schüchtern.* Goethe?

SCHWIGERLING. Goethe? – Ganz recht! Woher wissen Sie denn das? Sie können ihn doch un möglich gekannt haben.

KATHARINA. Ich habe etwas von ihm gelesen.

SCHWIGERLING. Sie auch?

KATHARINA. Nur ein paar Sätze.

SCHWIGERLING. Mehr habe ich auch nicht von ihm gelesen. Dieser – Goethe sagte, als er in Göttingen in die Reitbahn des großen berühmten Stallmeisters Ayer kam...

KATHARINA. Gewiß, das ist es gerade, was ich von ihm gelesen habe!

SCHWIGERLING. Sie haben das auch gelesen?

KATHARINA. Gewiß! *Nimmt das Buch vom Tisch.* Hier steht es *Geht zu Schwigerling.*

SCHWIGERLING. Dann hat er jedenfalls sonst auch nicht viel geschrieben.

KATHARINA. Hätte er denn durchaus noch mehr schreiben sollen?

SCHWIGERLING. Meinetwegen nicht. Er ist durch diese Gedanken berühmt genug geworden.

KATHARINA *das Buch öffnend.* Hier! *Sie liest sehr gebrochen.* Eine wo – wohlbestellte Reitbahn hat immer etwas Im – Im – Im – – Bitte, lesen Sie weiter. Ich bin zu aufgeregt.

SCHWIGERLING. Zeigen Sie. *Liest noch schlechter.* Immer etwas Im – Haben Sie kein Vergrößerungsglas?

KATHARINA. Nein.

SCHWIGERLING. Imposantes! – M – mensch und T – tier – Ich bin nämlich weitsichtig – v – verschmelzen der – der – ge – stalt ...*Klappt mit raschem Entschluß das Buch zu, legt es auf den Tisch links und geht nach rechts.* Es befremdet mich gewaltig, Komtesse, wie Sie bei soviel Interesse Ihre Pferde derart zuschanden reiten können!

KATHARINA *kleinlaut.* Sie scheinen sich auch nicht sonderlich auf Drucksachen zu verstehen.

SCHWIGERLING. Aber Sie vielleicht!

KATHARINA *halb für sich.* Etwas muß man doch zugrunde richten.

SCHWIGERLING *sich plötzlich besinnend.* Aber was geht mich das denn alles an! – Ich wiederhole Ihnen, Komtesse, ich glaube Ihnen mit meiner Ehre dafür bürgen zu können, daß Sie bei einem verabredeten Rendezvous mit Seiner Durchlaucht, dem Fürsten, nicht die geringste Gefahr laufen würden.

KATHARINA *wendet sich zum Gehen.* Er ist mir zu dumm.

SCHWIGERLING. Das ist es ja gerade!

KATHARINA *tonlos, für sich.* Das ist es ja gerade.

SCHWIGERLING. Dann verzeihen Sie meine unpassende Zumutung. Aber dann – *Ihr rasch den Weg vertretend.* dann klären Sie mich bitte über etwas anderes auf! Wer ist diese Fürstin?

KATHARINA. Wen meinen Sie?

SCHWIGERLING. Diese Dame des Hauses! Diese geheimnisvolle Erscheinung, die hier seit gestern immer auf der einen Seite auftaucht und auf der anderen wieder verschwindet...

KATHARINA. Lisaweta Nikolajewna?

SCHWIGERLING. Also doch Russin?

KATHARINA. Ja – sie hat ihre Vergangenheit ins Gesicht geschlagen!

SCHWIGERLING. Meine Ahnung! – Sie ist vom Hof?

KATHARINA. Vom Hofe gerade nicht, aber trotzdem bewegte sie sich in den höchsten Sphären, eh sie die Mesalliance mit diesem Kosaken einging.

SCHWIGERLING. Sprechen Sie!

KATHARINA. Lisaweta Nikolajewna ist tief heruntergestiegen. *Da Schwigerling noch etwas einwenden will.* Cölestin soll sich sofort bei mir melden! *Nach rechts hinten ab.*

Achter Auftritt

Schwigerling. Cölestin.

CÖLESTIN *rechts vorn, steckt den Kopf zur Tür herein.* Ist das Feld rein?

SCHWIGERLING. Du sollst dich bei ihr melden.

CÖLESTIN *eintretend.* In den Rachen der Tigerin? Danke schön.

SCHWIGERLING *ihn bei beiden Händen nehmend.* Ich beschwöre dich, Cölestin, bei unserer zwanzigjährigen Freundschaft beschwör ich dich, sag mir, wer diese Fürstin ist. Ich muß der Frau irgendwo im Leben begegnet sein!

CÖLESTIN. Unmöglich!

SCHWIGERLING. Mein Gedächtnis läßt mich auf eine mir unerklärliche Weise im Stich. Ich kenne sie, dessen bin ich sicher.

CÖLESTIN. Das dürfte wohl jemand anderes gewesen sein.

SCHWIGERLING. Mißverstehe mich doch bitte nicht! Ich habe in irgendwelchen Beziehungen zu ihr gestanden.

CÖLESTIN. Man steht mit ihr nicht in Beziehungen!

SCHWIGERLING. Dann sag mir um Gottes willen, wer sie ist!

CÖLESTIN. Das habe ich dir gesagt.

SCHWIGERLING. Was hast du mir gesagt?

CÖLESTIN. Eine Sphinx.

SCHWIGERLING. Schafskopf!

CÖLESTIN. Du vergißt, daß du dich hier in der Gesellschaft befindest.

Die Fürstin. Die Vorigen.

FÜRSTIN *von links vorn.* Cölestin!

CÖLESTIN. Durchlaucht?

FÜRSTIN. Lassen Sie mir die Bouillon auf mein Zimmer bringen.

Cölestin rechts hinten ab.

SCHWIGERLING *der Fürstin, die nach rechts vorn geht, den Weg vertretend.* Verzeihung, Durchlaucht! Gehen Sie bitte nicht gleich wieder dort hinaus...

FÜRSTIN. Sprechen Sie ruhig.

SCHWIGERLING. So ruhig ich kann. Ich erscheine anmaßend, aber was ich mir auch an Vernunftgründen entgegenhalte, ich kann mich des Gefühls nicht erwehren, Ihnen schon einmal nahegestanden zu haben. *Da die Fürstin an ihm vorbei will.* In respektvoller Entfernung! Die Tatsache entschuldigt mich, daß ich zeit meines Lebens in den höchsten Kreisen nicht weniger freundlich aufgenommen war als bei dem Volk, dem ich angehöre.

FÜRSTIN *in beruhigendem Ton.* Sie sind übernächtig. Lassen Sie sich etwas Stärkendes auf Ihr Zimmer bringen. *Will an ihm vorbei.*

SCHWIGERLING *vertritt ihr den Weg.* Ich bin übernächtig, Durchlaucht...

FÜRSTIN. Sie sehen Gespenster...

SCHWIGERLING. Ich bin vielleicht wahnsinnig, ich weiß es nicht. *Auf seinen Talar deutend.* Dieser Narrentand ...*Da die Fürstin vorbei will.* Nein, Durchlaucht...

FÜRSTIN. Ich beschwöre Sie, legen Sie sich zu Bett!

SCHWIGERLING. Um vollends verrückt zu werden! Lebœuf versichert mich, Ihnen gegenüber ergehe das jedem so. Aber mein Gefühl trügt mich nicht ...*Da die Fürstin vorbei will.* Oh, werden Sie nicht ungeduldig. Überantworten Sie mich nicht von neuem der quälenden Ungewißheit. Unsereiner bleibt schließlich doch bettelhaft...

FÜRSTIN. Mäßigen Sie sich!

SCHWIGERLING. Bettelhaft! Armselig! – Man hätschelt uns, solange wir unsere Kunststücke machen. Und wagt man einmal warm zu empfinden, dann wird man auf die Landstraße hinausgewiesen, auf der man herkam.

FÜRSTIN. Ersparen Sie mir diese Szene, mein Herr, wenn Sie Kavalier sind.

SCHWIGERLING. Weil ich Kavalier bin! Wir tanzen nicht nur im Zirkus auf hohem Seil. Unser ganzes Leben lang hängen wir in gleisnerischen Schlingen. Wie amüsant sieht sich das luftige Trapez nicht an aus den behaglichen Logen der Galerie-noble!

FÜRSTIN. Sprechen Sie mir nicht vom Trapez!

SCHWIGERLING. Natürlich nicht! Was ahnen Durchlaucht denn von dem Todesbangen des lächelnden Künstlers da oben! – Und wenn dann, von bübischer Hand heimlich entzweigeschnitten, die Stricke reißen, wenn der Blick sich umflort und man darniedersaust – aus all seinen Himmeln – darniedersaust auf den harten, erbarmungslos harten Sand der Arena...

FÜRSTIN. Entsetzlich!

SCHWIGERLING. Sehen Sie, Fürstin, ich hatte ein Weib – das erste Weib, das meine Künstlerlaufbahn mir geschenkt, auf ewig mir angetraut durch den Segen der Kirche! Ich war noch ein Knabe, sie weltgewandt, überlegen, fünf Jahre älter als ich – – eine Trapezkünstlerin, wie die Welt keine...

FÜRSTIN *tonlos.* Cordelia!

SCHWIGERLING *zurücktretend.* Durchlaucht?!

FÜRSTIN. Sie steht vor dir.
SCHWIGERLING. Sie spotten meiner?
FÜRSTIN. Deine Cordelia!

Schwigerling bedeckt das Gesicht mit beiden Händen, kommt nach rechts vorn und schluchzt in sein Taschentuch.

FÜRSTIN *sich ihm nähernd.* Wüßtest du denn auch gar kein Erkennungszeichen?
SCHWIGERLING *traumverloren.* In einer jener Wonnestunden unbeschreiblicher Seligkeit – ließ sie sich von mir – im Rausch meiner jugendlich flammenden Sinne – eine Taube, das Bild der Unschuld, in ihren marmorweißen Arm tätowieren.

Fürstin streift den linken Ärmel zurück.

Schwigerling sinkt in die Knie und bedeckt den Arm mit Küssen.
FÜRSTIN *die rechte Hand in seinen Locken.* Wie gerne hätte ich dir das erspart!

Der Fürst, dann Katharina, dann Cölestin. Die Vorigen.

FÜRST *mit dem Trank von links hinten nach links vorn.* Es ist kaum mehr daran zu denken, daß ich das Mädchen jemals mein eigen nenne. *Versucht zu trinken.* Das Ungetüm verbarrikadiert mir den Eingang! – – Im Sturm, Iwan Michailowitsch! *Setzt an, läßt den Becher sinken.* Zurückgeschlagen!

SCHWIGERLING *an der Chaiselongue kniend, schluchzend.* Meine – erste – Frau!

KATHARINA *von rechts, geht zum Fenster, ruft in den Hof.* Cölestin! – *Im Fond auf und nieder gehend.* Er kann nicht entflohen sein! Er liebte mich, wie mich hier keine Menschenseele liebt!

DER FÜRST *links vorn.* Wie unermeßlich dumm ich doch sein muß! Nicht einmal um eines so entzückenden Mädchens willen an keinen Bären denken zu können!

KATHARINA *ruft in den Hof.* Cölestin!

CÖLESTIN *sehr rasch von links hinten.* Befehlen, Komtesse!

KATHARINA. Wo ist Kama?

CÖLESTIN. Die Bombe platzt.

KATHARINA. Kama, mein Lämmergeier!

CÖLESTIN. Abgeschlachtet!

KATHARINA. Was?!

CÖLESTIN. Abgeschlachtet!!

KATHARINA. Mein Lämmergeier!?

CÖLESTIN. Auf Befehl Seiner Fürstlichen Durchlaucht!

SCHWIGERLING *aufspringend.* Rache! – Rache! – *Geht wutschnaubend auf und nieder.*

FÜRST *mit ängstlichem Blick auf Schwigerling, indem er zu trinken versucht.* Der ist verrückt geworden!

KATHARINA *links vom Fürsten, ihn am Arm packend.* Ihr Kammerdiener hat den Verstand verloren. Sie hätten Kama abschlachten lassen?

DER FÜRST *setzt den Becher hinter sich auf den Tisch.* Aus Liebe!

SCHWIGERLING *rechts neben ihm, ihn am Arm packend.* Sie haben mich um meine erste Frau betrogen?!

FÜRST. Aus Liebe!

CÖLESTIN *rechts vorn, sich durch die Fürstin deckend.* Sie wollen diese erhabene Seele an eine Tierbändigerin verraten?

FÜRST. Aus Liebe!

SCHWIGERLING. Mit bübischem Griff seinen ganzen Himmel zerstören, einen blutjungen Menschen!

CÖLESTIN. Blut! Blut!

KATHARINA. Was hatte Ihnen das unschuldige Tier zuleide getan!?

SCHWIGERLING *reißt ihn herum.* Führen Sie einen Degen?

CÖLESTIN. Nieder mit ihm!

FÜRST *gegen Cölestin, mit erhobener Faust.* Ha, wart, Schurke!

SCHWIGERLING *ihm den Weg versperrend.* Ob Sie einen Degen führen?!

CÖLESTIN *über die Fürstin weg, mit erhobener Faust.* Stürzt ihn zum Höllenpfuhl! Reißt ihn in Fetzen! Stampft ihm die Eingeweide aus dem Leib!

DER FÜRST *mit Schwigerling ringend, gegen Cölestin.* Hinaus! Hinaus!

SCHWIGERLING. Erst geben Sie mir Rechenschaft!

CÖLESTIN. Ich nehme meine Entlassung!

FÜRST *wirft Schwigerling beiseite, packt Cölestin am Kragen.* Du kommst mir nicht mehr über die Schwelle, Kerl! *Schleppt ihn nach links hinten.*

CÖLESTIN. Ich werfe unsern Pakt dir vor die Füße!

FÜRST *ihn mit einem Fußtritt hinauswerfend.* Hinaus, Halunke!

CÖLESTIN *draußen.* Nie wieder setze ich den Fuß hierher...

FÜRST *nach vorn kommend, in höchster Entrüstung.* Dieser Marktschreier!

SCHWIGERLING. Ich fordere Sie auf Pistolen!

Fürst gibt ihm eine Ohrfeige.

KATHARINA. Mich haben Sie die längste Zeit hier gesehen!

FÜRST. Scheren Sie sich zum Henker! *Auf und nieder gehend.* Mich auf Pistolen fordern! Dieser Seiltänzer! Dieser Springfritze! Mich auf Pistolen fordern! Fürst Iwan Michailowitsch Rogoschin auf Pistolen fordern! – Ich möchte den Lümmel ... Ich möchte den Lümmel ... *Kehrt blitzschnell zum Tisch zurück, wo der Trank steht, und stürzt ihn hinunter.*

Dritter Aufzug

Erster Auftritt

Schwigerling. Die Fürstin. Später Cölestin.

Fürstin links vorn im Lehnsessel.

SCHWIGERLING *auf und nieder gehend.* Ein Drama werde ich darüber schreiben! Ein Drama in drei Aufzügen! Ich werde das Drama in sämtliche Sprachen der Welt übersetzen! Ich werde selber die Titelrolle spielen! Ich werde die Titelrolle in sämtlichen Sprachen der Welt spielen! Die Welt soll sich darüber auf den Kopf stellen, was es in Rußland für Fürsten gibt!

FÜRSTIN. Iwan Michailowitsch ist an alledem so unschuldig wie ein neugeborenes Kind.

SCHWIGERLING. Du hattest ihn natürlich selber mit deiner unseligen Engelsschönheit umgarnt?!

FÜRSTIN. Ein anderer, mein Freund. Ganz ein andrer. Ein Amerikaner. Er war Lebensversicherungsagent!

SCHWIGERLING. Ha, der Yankee hat sich wohl sein kostbares Leben durch dich versichert!

FÜRSTIN. Er erwirkte mir ein Engagement bei Barnum. Oh, er hat Millionen mit mir verdient.

SCHWIGERLING. Und ich ringe derweil auf Jahrmarkt und Kirchweih mit dem krassen Tod um mein elendes bißchen Unterhalt!

FÜRSTIN. Er hat mich behandelt wie nie ein Sklavenhalter seine armseligen Opfer behandelt hat. Abend für Abend ließ er mich den paphlagonischen Tauchersprung ausführen.

SCHWIGERLING *sarkastisch.* Dafür war er ja Lebensversicherungsagent!

FÜRSTIN. Als ich mir dann in Barnums Trapezen alle Rippen gebrochen, bildete er mich zur Bauchtänzerin aus.

SCHWIGERLING *für sich.* Kanaille!

FÜRSTIN. Und so wurde ich denn wieder ein Star ersten Ranges auf allen Schaubühnen der Union. Aber er merkte wohl, daß es mit meiner Herrlichkeit zu Ende ging. Der Fürchterliche trug sich eben mit dem Plan, mich von oben bis unten mit Hieroglyphen zu tätowieren, um mich auf der Ausstellung von Philadelphia als eine Kriegsbeute der Indianer sehen zu lassen, da lief ihm zu meiner und seiner Erlösung Fürst Rogoschin in den Weg. Mein Amerikaner durchschaute den Fürsten auf den ersten Blick; offenbar schien es ihm die höchste Zeit mit mir. Und so verschacherte er mich denn für die Unsumme von hundertfünfzigtausend Dollar als die »Jungfrau vom Colorado-River« an den Fürsten Rogoschin. Er hatte das Geld dringend nötig. Ich ging ohne Widerstreben darauf ein, nur um den Ärmsten vor dem äußersten Elend zu retten.

SCHWIGERLING *rechts vorn, in tiefstem Ingrimm.* Hättest du ihn doch im Rinnstein krepieren lassen!

CÖLESTIN *links hinten, vorsichtig den Kopf hereinsteckend.* Gräfin Katharina nicht hier?

SCHWIGERLING. Scher dich zum Henker!

Cölestin verschwindet.

FÜRSTIN *sich erhebend.* Sieh zu, lieber Junge, wie du wieder in dein freies fröhliches Element hinausgelangst.

SCHWIGERLING *sie umarmend.* Meine erste Frau!

"

FÜRSTIN. Ich hatte dich gleich erkannt.

SCHWIGERLING. Laß uns fliehen, Cordelia! Laß uns den Frühling in unsere Herzen zurückrufen!

FÜRSTIN. Wo denkst du hin. Ich harre ruhig aus, wo Gott mich vor Anker gelegt hat.

SCHWIGERLING. Mein armes Kind!

FÜRSTIN. Spar dein Mitleid! Iwan Michailowitsch verrät mich so leicht nicht.

SCHWIGERLING. Der Schurke!

FÜRSTIN. Er ist ein besserer Mensch, als er zu sein glaubt.

SCHWIGERLING. Du knospender Kelch meiner kindlichen Trunkenheit!

FÜRSTIN. Du würdest es ja doch bereuen, mich zum zweitenmal gepflückt zu haben.

SCHWIGERLING. Eher den Tod, Cordelia!

FÜRSTIN. Gewiß, ich kenne dich. *Sie küßt ihn.*

SCHWIGERLING *unter Tränen.* Meine erste Frau! *Sie drücken sich innig die Hände.*

Die Fürstin rechts, Schwigerling links vorn ab.

Zweiter Auftritt

Der Fürst. Später Kolja.

FÜRST *in Frack und weißer Krawatte, von links hinten, sich unter die Achseln fassend.* Scheine doch etwas herausgewachsen. Macht nichts! Man muß der Feierlichkeit gerecht werden. – Ob ich sie herzitiere? *Sich besinnend.* Wird schon von selbst kommen. – Das rieselt und rasselt bis in die Fingerspitzen! – Ich bin ein Mann! Ich habe Heu in den Stiefeln! – Ich habe den Teufel im Leib! – Ob ich sie herschleppen lasse? *Sich besinnend.* Einschließen laß ich sie! Jetzt kann sie auf allen vieren kriechen und mir die Stiefelschäfte vollheulen. Ich bin ein Mann; ich fühle den Portepee-Fähnrich wieder in mir. Die Zeiten! Die Herzogin von Finnland! Diese Ottomanen! Die Marmortreppen, die man hinauf- und hinunterflog! – – – *Er rührt die Glocke.*

Kolja von rechts hinten.

FÜRST. Die Komtesse soll so rasch wie möglich herunterkommen!

Kolja macht kehrt.

FÜRST. Kolja!

Kolja macht Front.

FÜRST. So rasch wie möglich!

Kolja ab.

FÜRST. – Ich spiele den Joseph. Wie du mir, so ich dir! Bis sie explodiert. Ja, ja, sie soll explodieren! Sie soll ihre liebe Not mit mir haben. Sie hat es nicht besser um mich verdient. *Geht stampfend auf und nieder.* Ich bin ein Mann! Wer hätte das noch für möglich gehalten! – Schade, daß sie sich nicht verzehnfachen kann. Sie müßte zu allen Türen zugleich hereintreten! *Als empfinge er sie von verschiedenen Seiten.* Komtesse? – Mein süßes Kind? – Versteht sich, meine girrende Taube! – Wie? – Ich verstehe nicht recht. – Nun, Sie wünschen? *Plötzlich mit Begeisterung ausbrechend, und zwar rechts vorn, nach der Tür links hinten gewandt.* Kathinka – und wenn du ein ganzes Ballettkorps wärst!!

Katharina. Der Fürst.

Katharina, in stahlgrauem Reitkleid, tritt rechts vorn ein, bleibt in der Tür stehen.

FÜRST *hat sich rasch umgewandt.* Und wenn du ein ganzes Ballettkorps wärst!

KATHARINA. Ich komme, Iwan Michailowitsch, um Abschied zu nehmen...

FÜRST *tonlos.* Und wenn du ein ganzes Ballettkorps wärst...

KATHARINA. Ich gedachte ursprünglich ohne Ihre gütige Einwilligung zu reisen, aber ich habe schließlich achtzehn Monate lang Ihr Brot gegessen.

FÜRST. Was haben Sie gegessen?

KATHARINA. Ich reise zu meiner Freundin Anna Sergejewna nach Schottland. Anna Sergejewna hält zwanzig Rassepferde, englisches Vollblut. Sie hat zweimal den großen Preis in Paris gewonnen.

FÜRST. Ich hoffe, Komtesse, daß Sie für die Bedürfnisse Ihres Herzens vollste Befriedigung in Paris finden.

KATHARINA. Die Bedürfnisse meines Herzens sind allerdings anderer Art. Indessen immer noch lieber eine atemlose Steeplechase als die markverzehrende Langeweile in Ihrer Umgebung.

FÜRST *für sich.* Das ist deutlich; o diese Weiber! Ich bringe sie zur Verzweiflung! – *Ihr die Hand reichend.* Leben Sie wohl!

KATHARINA. Wo wollen Sie denn hin?

FÜRST *gleichgültig.* Was kümmert Sie das? Ich gehe! Ich gehe, wohin ich gehen will.

KATHARINA. Sie sind verrückt geworden?

FÜRST *kokett.* Kathinka!

KATHARINA. Was wollen Sie denn?

FÜRST. Geben Sie den Kampf auf! *Er tänzelt auf sie zu.*

KATHARINA. Ich begreife Sie nicht. Was wollen Sie damit sagen?

FÜRST. Muten Sie Ihrer Natur nicht zuviel zu. Ich weiß ja, daß Sie ein starkes Mädchen sind.

KATHARINA. Ich sage Ihnen, ich begreife Sie nicht. Sie sind zu dumm dazu. Sie sind zu dumm, als daß ein vernünftiger Mensch Sie begreifen könnte.

FÜRST. Ich begreife Sie um so besser. Machen Sie Ihrem Jammer ein Ende.

KATHARINA. Sie hören ja. daß ich meinem Jammer ein Ende mache.

FÜRST. Sie hegen doch seit gestern andere Gefühle für mich.

KATHARINA. Versteht sich, nachdem Sie meinen Lämmergeier haben hinschlachten lassen.

FÜRST. Dazu habe ich ihn ja auch hinschlachten lassen!

Katharina geht mit geballten Fäusten auf ihn zu.

FÜRST *in freudiger Erwartung.* Sie explodiert! Sie explodiert!

KATHARINA *sich besinnend.* In Schottland bin ich vor Ihren Brutalitäten in Sicherheit.

FÜRST. Katharina, ich kann Sie nicht länger so jammervoll leiden sehen.

KATHARINA. Mir scheint, Sie haben die letzte Unze Verstand verloren.

FÜRST. Sparen Sie doch Ihre Kräfte!

KATHARINA. Wenn Sie den Abschied durchaus kurz machen wollen. –

FÜRST *flehentlich.* Sparen Sie Ihre Kräfte, Kathinka!

KATHARINA. Nun gut. *Will gehen.*

FÜRST. Sparen Sie Ihre Kräfte für schönere Zwecke!

KATHARINA *sehr ernst.* Mit meiner Kraft ist es nicht so weit her, Iwan Michailowitsch. Sie täuschen sich über meine Kräfte. Jetzt, wo ich in die Welt hinausgehe, fühle ich es erst recht, wie schwach ich bin.

FÜRST. Was fühlen Sie?

KATHARINA. Ich fühle, wie schwach ich bin, Iwan Michailowitsch.

FÜRST *in einen Sessel sinkend.* Ich auch.

KATHARINA. Denken Sie deswegen nicht schlecht von mir. *Sie reicht ihm die Hand.*

FÜRST *dumpf vor sich hin.* Dieser Werwolf! – Dieser Höllenhund! – Dieser Judas!

KATHARINA *teilnahmsvoll.* Sie sind krank?

FÜRST. Dieser Mamelucke!

KATHARINA. Lassen Sie sich einen kalten Wickel machen.

FÜRST. Einen kalten Wickel!

KATHARINA. Sie bedürfen der Ruhe.

FÜRST *aufspringend.* Einen kalten Wickel! Um den Hals einen kalten Wickel! Bis er grün und blau im Gesicht wird! Pfeifen soll mir der Hund! *Ab nach links.*

KATHARINA *sieht ihm nach.* Es ist nichts mit ihm anzufangen. – Wo nur Cölestin bleibt. *Ab nach rechts hinten.*

Fürst. Dann Schwigerling.

FÜRST *von rechts vorn eintretend, rennt quer über die Bühne, für sich.* Einen kalten Wickel! *Prallt in der Tür links vorn auf Schwigerling, den er nach vorn schleppt.* Du Falschmünzer! Du Hyäne! Einen kalten Wickel!

SCHWIGERLING. Lassen Sie mich los!

FÜRST. Aufknüpfen laß ich dich, wenn du mir nicht augenblicklich den Trank schaffst!

SCHWIGERLING. Ich habe getan, was in meiner Macht steht.

FÜRST. Ich will dir zeigen, was in deiner Macht steht, du Kabire! Ich will es dir zeigen! Staunen sollst du noch darüber, was in deiner Macht steht! *Treibt ihn vor sich her, nach links vorn hinaus.*

Fünfter Auftritt

Katharina. Cölestin.

KATHARINA *von links hinten; sie trägt eine leichte Reisetasche über die Schulter.* Haben Sie Ihren Krimskrams zusammengepackt?

CÖLESTIN *folgt ihr; er hat die Livree mit einer gewöhnlichen Kleidung vertauscht, trägt einen Mantelsack.* Bis auf meine noch ungedruckten Memoiren, Gräfliche Gnaden, aber…

KATHARINA. Nur jetzt kein Aber mehr! – Wer schon draußen wäre, draußen auf dem wogenden Weltmeer!

CÖLESTIN. Um Vergebung…

KATHARINA. Was haben Sie für Pferde?

CÖLESTIN. Ackergäule, Komtesse! – Mitja bewacht den Stall und Kolja die Sattelkammer.

KATHARINA. Den Mangel an Feuer ersetzen die Tiere durch Ausdauer. Wir reiten die Nacht durch. Vor Sonnenaufgang sind wir in Petersburg.

CÖLESTIN. Um Vergebung, Komtesse…

KATHARINA. Kommen Sie!

CÖLESTIN. Unmöglich, Komtesse!

KATHARINA. Was haben Sie denn?

CÖLESTIN. Ich kann mich nicht losreißen.

KATHARINA. Sie können sich nicht losreißen? – Wenn man Sie hier ertappt, bekommen Sie die Knute!

CÖLESTIN. Dann werde ich mich mit Wollust zu Tode knuten lassen!

KATHARINA. Kommen Sie oder kommen Sie nicht?!

CÖLESTIN. Ich lasse zuviel zurück … *Will ihr den Mantelsack überreichen.* Meine irdische und meine himmlische Liebe…

KATHARINA *nimmt ihn am Arm.* Unsinn, Verehrtester; es gibt keine Liebe…

CÖLESTIN. Um Vergebung…

KATHARINA *ihn hinausdrängend.* Weder eine irdische, noch eine himmlische! – Trab, Galopp, Karriere, das ist jetzt die Losung!

Beide links hinten ab.

Sechster Auftritt

Schwigerling.

SCHWIGERLING *von links vorn, schleicht auf den Zehen über die Bühne, öffnet die Tür rechts; nachdem er sich überzeugt, daß niemand horcht, kommt er nach vorn.* Ich hatte sie beschworen, sich die Fingerspitzen küssen zu lassen. Als wäre das von einem gesunden achtzehnjährigen Mädchen ein so himmelschreiendes Opfer! Wenn unsereiner so heikel sein wollte! Unsereiner! Von Kindheit auf mit allen Bluthunden gehetzt, auf alle Gaunerpfade hingewiesen, wenn man nicht hinterm Zaun verenden will. Da verlernen sich die Sentimentalitäten. – Und doch! *Sich an die Brust fassend.* Wer mir klarmachen wollte, was da drinnen vorgeht! Aber was soll mir denn das! Mit jeder Minute gerate ich tiefer hinein: Erst der Fürst, dann Cölestin – der himmlische Ochse ist seit gestern verschwunden – dann dieses Mädchen mit ihrer Leidenschaftlichkeit – Gott bewahre einen! – und dann noch Cordelia … Ha Cordelia! Sie muß mir hinaushelfen! Lebœuf hat recht: Eine Sphinx!

Siebenter Auftritt

Fürstin. Enjuscha. Alioscha. Schwigerling.

FÜRSTIN *Enjuscha und Alioscha an der Hand hereinführend von rechts hinten.* Ach, Gott sei Dank, da bist du!

SCHWIGERLING *schließt sie in die Arme und führt sie nach vorn.* Meine erste Frau!

FÜRSTIN. Wie konnte ich Ärmste denn ahnen, daß du mich so grenzenlos liebbehalten hast!

SCHWIGERLING. Wie konntest du je daran zweifeln!

FÜRSTIN. So sei es denn! Ich folge dir, wohin du willst, wohin du gehst. Ich habe die Kinder hergebracht, um mich auf ewig von ihnen zu verabschieden.

SCHWIGERLING *für sich.* Barmherzige Allmacht.

FÜRSTIN. Wohin es sei, nach Asien, nach Afrika, nach Australien! Ich folge dir, um dich für die endlos langen Jahre der Entbehrung zu entschädigen.

SCHWIGERLING. Dank, Dank, Cordelia. Aber ich bin eines so beschämenden Opfers nicht würdig.

FÜRSTIN. Oh, es ist kein Opfer, mein Freund! Ich gehe so gerne mit dir wie damals, als du mich aus der Seiltänzerbude meines Vaters raubtest.

SCHWIGERLING. Ich war ein unbesonnener Knabe!

FÜRSTIN. Und heute bist du mehr als ein Knabe. Du bist ein Mann! Ich kann dich unmöglich zum zweitenmal der Verzweiflung überantworten!

SCHWIGERLING. Ich trage mein Los mit Fassung.

FÜRSTIN. Aber du mußt nachholen, was du während all der Jahre versäumt hast. Von jetzt an sollst du doppelt und dreifach und vierfach genießen, solang noch ein warmes Herz in dieser Brust schlägt.

SCHWIGERLING. Das wäre alles schön und gut, liebe Cordelia, wenn ich noch als derselbe vor dir stände, den du damals verlassen hast. Aber auch ich – ich habe mich nicht völlig schuldlos bewahrt.

FÜRSTIN. Solche Kleinigkeiten kümmern mich nicht, das ist doch selbstverständlich!

SCHWIGERLING. Nein, nein, Kleinigkeiten waren das nicht. Laß mich lieber darüber schweigen.

FÜRSTIN. Sei's denn! Es ist dein eigener Nachteil. Du warst immer zu großmütig. – Kommt denn, Kinder, und dankt ihm, der um euretwillen auf eure Mutter verzichtet.

SCHWIGERLING *die Kinder in die Arme schließend, gerührt.* Ich kann euch leider nicht Vater sein...

ALIOSCHA. Nehmen Sie uns denn nicht mit in den Zirkus?

SCHWIGERLING. Das nächste Mal, wenn ich wiederkomme. – Ich muß euch hilflos zurücklassen...

FÜRSTIN. Mach dir das Herz nicht schwer.

SCHWIGERLING *eine Träne trocknend.* O Gott...

FÜRSTIN *die Kinder bei der Hand nehmend.* Kommt, kommt! *Führt sie nach rechts hinten.* Er wäre imstande und schleppte statt meiner die Kinder mit! *Nachdem sie die Kinder hinausgeschoben.* Und nun laß mich dir wenigstens Mutter sein.

SCHWIGERLING. Von ganzem Herzen. Ich sehe mich hier nämlich in der fatalsten Lage der Welt.

FÜRSTIN. Das sieht sich hier jeder.

SCHWIGERLING. So? – Ich werde aufgeknüpft, wenn ich deinem Gebieter nicht bis heute abend die Gräfin in die Arme liefere.

FÜRSTIN *nach kurzem Besinnen.* Das wird sich nicht machen lassen.

SCHWIGERLING. Nicht?

FÜRSTIN. Er ist ihr zu dumm.

SCHWIGERLING. Das hat sie mir auch gesagt.

FÜRSTIN. Ich kann es ihr nicht verdenken.

SCHWIGERLING. Das habe ich ihr auch gesagt. – Und wenn es sich machen ließe...

FÜRSTIN. Du tätest es nicht!

SCHWIGERLING. Nein!

FÜRSTIN. Aus Liebe zu mir!

SCHWIGERLING. In erster Linie. Und dann...

FÜRSTIN *ihn freudig umarmend.* Ha, mein Prachtjunge!

SCHWIGERLING. Was ist dir?

FÜRSTIN. Mein Herzblatt! Mein inniggeliebter Prachtjunge!

SCHWIGERLING. Was hast du denn?

FÜRSTIN. Also doch! Also doch! Na, Gott sei Dank!

SCHWIGERLING *gefühlvoll.* Cordelia! – Er hat recht, er hat recht...

FÜRSTIN. Mir ahnte es ja längst, du ... *Küßt ihn.* herrlicher Mensch!

SCHWIGERLING. Eine Sphinx!

FÜRSTIN. Nun komm. Wir beide werden schon einen Ausweg ausfindig machen. *Man hört den Fürsten.* Denken wir in aller Ruhe darüber nach. *Sie geleitet ihn rechts hinten hinaus.*

Achter Auftritt

Der Fürst. Dann Mitja und Kolja.

FÜRST *in höchster Erregung von links vorn.* Entflohen! Weiß der liebe Himmel, entflohen! *Reißt das Fenster auf und ruft in den Hof hinunter.* Mitja! Kolja! *Kommt nach vorn.* Was hat mir der Kerl zu saufen gegeben! Ich laufe mit dem Trank im Leibe herum und sie…

MITJA, KOLJA *von links hinten.* Durchlaucht!

FÜRST. Wo ist die Gräfin?!

MITJA, KOLJA. Wir haben…

FÜRST. Wo habt ihr geschnarcht?!

MITJA, KOLJA. Wir haben Fcodor Petrowitsch bewacht.

FÜRST. Daß euch der … Setzt ihr nach! Nehmt Zaïre und Orosman! Auf der Straße nach Petersburg! Nehmt Stricke mit! Bringt sie lebend oder tot!

Mitja, Kolja nach links hinten.

FÜRST. Kolja!

KOLJA. Durchlaucht!

FÜRST. Feodor Petrowitsch soll herkommen!

Mitja, Kolja ab.

FÜRST. Ich laufe mit dem Trank im Leibe herum und sie – und sie – und sie … *in einem Sessel zusammenbrechend.* während ich mit dem Trank im Leibe herumlaufe! *Bedeckt sein Gesicht und schluchzt.*

Schwigerling. Fürst.

SCHWIGERLING *von rechts hinten, holt sich einen Sessel und nimmt dicht neben dem Fürsten Platz.* Ja, ja Väterchen!

FÜRST *trostlos.* Ja, ja!

SCHWIGERLING. Jetzt können mich Väterchen aufknüpfen lassen, vielleicht hilft das!

FÜRST. Helfen Sie mir doch, wenn Sie ein Mensch sind!

SCHWIGERLING. Ich hatte Sie doch noch extra darauf aufmerksam gemacht. Ich hatte Sie so gewarnt!

FÜRST. Ja, ja.

SCHWIGERLING. Und trotzdem…

FÜRST. Aber nur beim letzten Schluck, Feodor Petrowitsch! Beim letzten Schluck! Er blieb mir in der Gurgel stecken! Ich hatte schon beinahe alles hinunter!

SCHWIGERLING. Trotzdem haben Sie…

FÜRST. Ja, ja.

SCHWIGERLING. An einen…

FÜRST *tonlos.* Bären gedacht.

SCHWIGERLING. So geht's, wenn man nicht hören will. Das hat man nun von Ihrer – asiatischen Starrköpfigkeit. Natürlich hat der Trank nicht das geringste genützt.

FÜRST. Im Gegenteil!

SCHWIGERLING. Man hat Sie geohrfeigt?

FÜRST. Sie ist entflohen!

SCHWIGERLING *aufspringend.* Entflohen?

FÜRST. Oh, beruhigen Sie sich. Ich habe nachsetzen lassen.

SCHWIGERLING *sich setzend.* Das ist was anderes. Das war schön von Ihnen.

FÜRST. Helfen Sie mir, Feodor Petrowitsch! Helfen Sie mir! Was fordern Sie dafür!

SCHWIGERLING. Ich weiß nur noch einen Rat…

FÜRST. Ich gebe Ihnen Ihre Frau zurück…

SCHWIGERLING. Nein, ich danke Ihnen.

FÜRST. Nehmen Sie sie; sie kostet mich neu an die dreihunderttausend Rubel.

SCHWIGERLING. Nein, das hieße Ihr Mißgeschick ausbeuten.

FÜRST. Aber sie gehört Ihnen ja!

SCHWIGERLING. Sie müssen jetzt vor allen Dingen den Bären ausschwitzen.

FÜRST. Ausschwitzen?

SCHWIGERLING. Ja.

FÜRST. Er wird nicht hinauswollen!

SCHWIGERLING. Er muß! Ich habe Ihnen den Tee dafür bereits gekocht. Dieser Tee hilft aber nur einmal, Durchlaucht. Deshalb halten Sie sich genau an das, was ich sage…

FÜRST. An das, was Sie sagen. *Er starrt Schwigerling mit offenem Munde und weitaufgerissenen Augen an.*

SCHWIGERLING. Wenn Sie den Tee zu sich genommen, legen Sie sich zu Bett, bei verschlossenen Türen und festverschlossenen Fensterläden…

FÜRST. Fensterläden!

SCHWIGERLING. Und bleiben vierundzwanzig Stunden liegen, ohne jemanden vorzulassen, ohne mit einer Seele zu sprechen!

FÜRST. Vierundzwanzig Stunden!

SCHWIGERLING *sich erhebend.* Einen Augenblick. *Nach rechts hinten ab.*

Zehnter Auftritt

Der Fürst.

FÜRST *sich erhebend.* Katja, Katja, was ich bei dir zu schwitzen habe! – Soviel habe ich noch bei keiner Geliebten geschwitzt! *Man hört Peitschenknalle und Pferdegetrappel im Hof.* Da sind sie! Da sind sie! *Sieht durchs Fenster hinunter; nach vorn kommend.* Gott sei Dank! Jetzt kann ich wenigstens ruhig schwitzen.

Schwigerling. Der Fürst.

SCHWIGERLING *mit einer Tablette, auf der Teetopf und Tasse, von rechts hinten.* Es hat gerade die richtige Hitze für Ihre Jahre. *Er schenkt dem Fürsten ein.*

FÜRST. Sie kommen eben zurück. *Er trinkt.*

SCHWIGERLING. Gott sei Dank! Das ist ja prächtig!

FÜRST. Jetzt kann ich wenigstens ruhig schwitzen.

SCHWIGERLING *von neuem einschenkend.* Und wenn Sie geschwitzt haben – werden Sie finden – daß alles ver-schwunden ist.

FÜRST *trinkend.* Er legt sich schon aufs andere Ohr.

SCHWIGERLING. Der Tee?

FÜRST. Nein, der Bär.

SCHWIGERLING. Ach so. – Solchen Bestien ist nicht zu trauen. Kommen Sie. *Schenkt ihm von neuem ein.*

FÜRST *trinkend.* Sagen Sie, Feodor Petrowitsch, soll ich Ihnen denn nicht wirklich Ihre Frau zurückgeben?

SCHWIGERLING. Ich danke Ihnen. Ich habe jetzt wirklich gar keine Verwendung für sie.

FÜRST. Aber Sie müssen doch eine haben!

SCHWIGERLING. Ich werde schon eine bekommen. Lassen Sie das nur ganz meine Sorge sein.

FÜRST. Sie ist noch ganz gut erhalten.

SCHWIGERLING. Das hoffe ich. Gerade deshalb lasse ich sie Ihnen vorderhand noch zur Aufbewahrung hier. *Ihn zur Tür rechts hinten drängend.* Aber jetzt machen Sie, daß Sie zu Bett kommen. Dieser Tee hilft nur einmal.

FÜRST *im Abgehen.* O Katja!

SCHWIGERLING. Angenehme Ruhe! *Schließt die Tür hinter ihm und bleibt während der nächsten Szene vor derselben stehen.*

Zwölfter Auftritt

Cölestin. Tatjana. Katharina. Mitja. Kolja. Schwigerling.

Cölestin mit dem Mantelsack von links hinten von Tatjana hereingeführt. Dann Katharina an Händen und Füßen gefesselt, von Mitja und Kolja hereingetragen. Mitja trägt ihre Reisetasche, Kolja ihren Plaidriemen umgehängt. Mitja, Kolja legen Katharina der Länge nach rechts vorn auf die Chaiselongue, setzen das Gepäck neben ihr nieder, dann nach links ab.

KATHARINA *während sie hereingetragen wird, schreiend.* Oh! Womit habe ich diese Schmach verdient! *Während des Folgenden windet sie sich mehrmals krampfhaft in ihren Fesseln.*

TATJANA *mit Cölestin die Mitte haltend.* Welch ein Glück, daß Eure Göttlichkeit wohlbehalten zurückgekehrt sind!

CÖLESTIN. Oh, wir haben wie Löwen um unsere Freiheit gekämpft.

TATJANA. Welch ein Glück, daß man Eure Göttlichkeit noch zur rechten Zeit angehalten!

CÖLESTIN. Oh, wir haben selber angehalten, das heißt, unsere Pferde.

TATJANA. Die lieben Tiere!

CÖLESTIN. Bei der ersten Schnapskneipe machten die beiden Renner halt und waren weder durch Strenge, noch durch Güte weiterzubringen. Wir wollten die Reise noch zu Fuß fortsetzen, aber es gelang mir, Gräfliche Gnaden am Ärmel festzuhalten, bis unsere Verfolger uns glücklich erreicht hatten.

TATJANA. Wenn Eure Göttlichkeit nur keinen Schaden genommen!

CÖLESTIN. Du meinst an meiner Seele, Tatjana?

TATJANA. Eure Seele ist ja leider zu erhaben für mich, aber Euern Eingeweiden wird jetzt eine warme Suppe guttun! *Mit Cölestin nach links hinten ab.*

Schwigerling. Katharina. Später Mitja, Kolja und Cölestin.

Es wird allmählich dunkel.

Schwigerling zieht sein Messer, kommt rasch nach vorn und schneidet Katharina die Fesseln durch.

KATHARINA *sich aufrichtend.* Danke schön.

SCHWIGERLING. Haben Sie Waffen?

KATHARINA. Zwei sechsläufige Revolver.

SCHWIGERLING. Wie hat man Sie denn dann arretieren können.

KATHARINA. Sie gingen nicht los. Mein Kammerdiener hatte sie heimlich entladen.

SCHWIGERLING. Wenn Sie mich jetzt vielleicht damit betrauen wollten?

KATHARINA *zieht zwei Revolver aus dem Gürtel.* Wir können uns ja darein teilen. Aber nur unter einer Bedingung.

SCHWIGERLING. Und die wäre?

KATHARINA *sich erhebend.* Wenn Sie mir Ihr Ehrenwort dafür verpfänden, daß Sie mich aus diesen Mauern auf dem kürzesten Wege zu einem Zirkusdirektor führen und daß Sie mir bei diesem Zirkusdirektor ein Engagement als Schulreiterin verschaffen wollen. Es war von frühester Kindheit auf mein heißestes und mein einziges Sehnen, im Zirkus tätig zu sein. Sie wissen genau, was ein Mädchen von meinem Alter können muß, wenn es sich im Zirkus sehen lassen will. Ich bitte Sie, mir den letzten künstlerischen Schliff in der Hohen Schule zu geben. Es ist meine Lebensbestimmung, um die ich kämpfe. Ich war entschlossen, nach Schottland zu gehen, nicht um im Luxus zu leben, sondern um meine glühende Sehnsucht im unersättlichsten Lebensgenuß zu kühlen. Ich bin in einem halben Jahr an Körper und Seele auf ewig zugrunde gerichtet, wenn es mir versagt bleibt, das zu tun, wozu die himmlische Vorsehung jeden Muskel und jeden Nerven in meinen Gliedern geschaffen hat.

SCHWIGERLING. Sie haben doch wohl keinen Begriff davon, welch furchtbare Enttäuschungen Ihnen unser Beruf bereiten kann.

KATHARINA. Geben Sie mir Ihr Ehrenwort? Ja oder nein? – Sie können mich in den Zirkus Busch, in den Zirkus Schumann, in den Zirkus Carré führen, das ist mir vollkommen gleichgültig!

In den beiden Türen im Hintergrund sind Mitja und Kolja auf allen vieren kriechend, jeder mit einer alten Flinte nach vorn zielend, sichtbar geworden.

SCHWIGERLING. Geben Sie mir Ihren Revolver, Komtesse! Die Kosaken dringen herein. Wir sind unseres Lebens nicht sicher. Sie können jeden Augenblick eine Kugel ins Herz bekommen!

KATHARINA *den Revolver hochhaltend.* Was kümmert mein Herz mich! Geben Sie mir Ihr Ehrenwort oder nicht?!

Aus jeder der Flinten fällt ein Schuß.

SCHWIGERLING. Ich gebe Ihnen mein Ehrenwort, Komtesse! Aber geben Sie mir Ihren Revolver! *Er entreißt ihr den Revolver.* Gott sei Dank! *Er feuert gegen jede der beiden Türen einen Schuß, worauf Mitja und Kolja unter Geheul verschwinden. Darauf öffnet er jede der Türen und schießt nach verschiedenen Seiten ins Freie hinaus.*

KATHARINA *für sich.* Er gibt mir sein Ehrenwort; ich gebe ihm meinen Dank.

SCHWIGERLING *Katharina zum Diwan führend.* Jetzt sage mir, du herrliches Menschengeschöpf, wozu denn die himmlische Vorsehung jeden Muskel und jeden Nerven in deinen Gliedern geschaffen hat.

KATHARINA. Muß ich das sagen...?

SCHWIGERLING *sie auf dem Diwan inbrünstig umschlingend und küssend.* Du herrliches Menschengeschöpf bist das erste Weib in dieser Welt, bei dem ich zum erstenmal die Überzeugung hege, daß das erstemal in meinem Leben meine ersten Jugendempfindungen zum erstenmal in ihrer ersten taufrischen keuschen Unberührtheit wieder erwachen.

CÖLESTIN *tritt links vorn ein und stellt einen brennenden Armleuchter auf den Tisch.* Ich ersuche die Herrschaften, sich durch mich durchaus nicht stören zu lassen.

SCHWIGERLING *vom Diwan aufspringend.* Dieser Schafskopf!

CÖLESTIN. Bitte die Unterbrechung gütigst entschuldigen zu wollen. *Links vorn ab.*

SCHWIGERLING *mit Katharina links vorn Platz nehmend.* Wir werden Busch eben im Begriff finden, Petersburg zu verlassen. Er spielt kommenden Sommer in Wien. Sollte er übrigens nicht darauf eingehen, dann fahren wir mit dem nächsten Zug nach Paris. Im Zirkus Franconi bin ich jederzeit ein willkommener Gast.

KATHARINA. Wenn wir nur erst draußen sind. In diesen Mauern könnte ich keinen Tag länger atmen.

SCHWIGERLING *nach der Uhr sehend.* Wir reiten Punkt Mitternacht. Sollten die Kosaken noch einmal Lärm schlagen, dann knalle ich sie nieder. Die Maßregeln, die man gegen uns ergriffen, geben mir das Recht dazu.

Vierzehnter Auftritt

Die Fürstin. Die Vorigen.

FÜRSTIN *von rechts hinten, ein Paket in der Hand.* Cölestin hat sich den Stallschlüssel verschafft und sattelt eure Pferde. *Sie gibt das Paket an Katharina.*

KATHARINA. Das sollen wir doch nicht etwa mitnehmen?

FÜRSTIN. Für den Fall, daß ihr unterwegs hungrig werdet, Pasteten und Konfituren.

SCHWIGERLING. Aber teuerste Cordelia, wir lassen das Allernötigste zurück, um die Hände frei zu haben.

FÜRSTIN. Du bindest es hinten auf den Sattel. Sobald ihr in Sicherheit seid, haltet ihr aus dem Stegreif ein Gabelfrühstück.

KATHARINA *ist ans Fenster getreten, zusammenschreckend.* Allbarmherziger Himmel!

SCHWIGERLING. Was gibt's?

KATHARINA. Es ist jemand auf meinem Zimmer.

SCHWIGERLING *den Revolver ziehend.* Soll nur herunterkommen!

FÜRSTIN. Ich war oben, mein Kind.

KATHARINA. Du hast das Licht brennen lassen?

FÜRSTIN. Damit Iwan Michailowitsch besser schwitzen kann.

Fünfzehnter Auftritt

*Cölestin wie im fünften Auftritt, mit einem mächtigen Handkoffer, Tatjana hereinführend,
die ein Tuch um den Kopf trägt, beide von links hinten. Die Vorigen.*

SCHWIGERLING. Nun kommt der auch noch mit einem Handkoffer an!

CÖLESTIN. Nur meine ungedruckten Memoiren. *Auf Tatjana deutend.* Dies hier ist mein
kostbarstes Reisegepäck. *Zur Fürstin.* Erhabene Gebieterin, ich kann mich nicht losreißen,
ohne mir wenigstens dieses teure Andenken an Ihre Gunst zu erbitten.

TATJANA *sich vor der Fürstin zur Erde werfend.* Schenken Sie mir die Freiheit.

FÜRSTIN *hebt sie auf und küßt sie auf die Stirn.* Du hast sie, mein Kind.

SCHWIGERLING. Aber wie wollen wir denn zu vieren hinauskommen?

CÖLESTIN. Ich habe das ganze Schloßgesinde mit Wodki zu Boden gestreckt. Ich habe
auch den Hunden Wodki gegeben. Für Gräfliche Gnaden und dich habe ich Zaïre und
Orosman gesattelt und für uns zwei, da wir nicht soviel um das Reiten geben, eine Telega
angespannt.

KATHARINA *ihm das Paket gebend.* Dann legen Sie das nur auch in Ihre Telega.

FÜRSTIN. Der Himmel geleite euch, meine Kinder. *Zu Schwigerling.* In dir verliere ich
das süßeste Glück meines Lebens zum zweitenmal. *Zu Cölestin.* In Ihnen den Trost meines
Alters zum ersten-, vielleicht zum letztenmal.

CÖLESTIN *zu Schwigerling.* Hab ich's dir nicht gesagt?

SCHWIGERLING. Eine Sphinx! Eine Sphinx!

FÜRSTIN. Aber ihr laßt mir wenigstens den einen Trost *Mit einem Blick auf die Mädchen.*
daß ihr beide mich nicht entbehren werdet.

SCHWIGERLING, CÖLESTIN. Eine Sphinx!

FÜRSTIN. Und nun – macht, daß ihr fortkommt!

CÖLESTIN. Ich führe die Pferde vor. *Links hinten ab.*

FÜRSTIN *zu Katharina.* Du erwählst einen gefahrvollen Beruf, meine Katja. Man fällt vom
glitzernden Panneau herunter nicht weniger gefährlich als aus dem hohen Trapez…

KATHARINA. Oh, ich werde nicht fallen, Lisaweta Nikolajewna! Ich werde nicht fallen!

FÜRSTIN. Wenn du aber fällst, dann fall auf die Beine. *Sie küssend.* Da haben wir Frauen
immer noch am meisten Elastizität.

CÖLESTIN *von links hinten.* Man kann aufsitzen.

SCHWIGERLING *die Fürstin umarmend.* Cordelia…!

FÜRSTIN. Ich beschwöre dich, geh, wenn du nicht riskieren willst, daß ich auch noch
mitreise!

Schwigerling macht sich rasch los. Tatjana küßt der Fürstin die Hand.

CÖLESTIN *weit ausholend.* Erhabene Gebieterin meiner Seele…

TATJANA *ihn am Ärmel ziehend.* Eure Göttlichkeit kommen weiß der Himmel noch zu
spät!

CÖLESTIN. Es ist die höchste Zeit.

Schwigerling, Katharina, Cölestin, Tatjana nach links hinten ab.

Sechzehnter Auftritt

Die Fürstin.

FÜRSTIN *tritt ans Fenster, winkt mit dem Taschentuch.* Er hilft ihr hinauf. Hinaus, hinaus! Er hinterdrein. Nein diese Telega! Die Konfituren vergessen! Und seine Memoiren! *Man hört den Fürsten.* Um aller Heiligen willen…

Siebzehnter Auftritt

*Der Fürst in langem weißen Nachtgewand, mit weißer Zipfelmütze, hohl und verstört,
von rechts hinten. Die Fürstin.*

FÜRST. Dieser schauderhafte Lärm unten im Hof?!

FÜRSTIN. Das hast du geträumt, Geliebter!

FÜRST. Und vorhin die Flintenschüsse?!

FÜRSTIN. Das hast du alles geträumt, Iwan Michailowitsch!

FÜRST. Wo ist die Gräfin?

FÜRSTIN. Oben natürlich, auf ihrem Zimmer!

FÜRST. Also – nicht entflohen?!

FÜRSTIN *durchs Fenster nach oben deutend.* Sieh doch nur selbst, Iwan Michailowitsch!

FÜRST *die Hände ringend.* Ich unglückseliger Schwitzer! *In einem Sessel zusammenbrechend.*
Jetzt hilft mir auch der Tee nicht mehr!

FÜRSTIN *ihn auf die Stirn küssend.* Du hast ja mich, die Jungfrau vom Colorado-River!